W0065484

Edition Akzente
Herausgegeben von
Michael Krüger

Libuše Moníková
Schloß, Aleph, Wunschtorte

Essays

Carl Hanser Verlag

ISBN 3-446-15399-3
Alle Rechte vorbehalten
© 1990 Carl Hanser Verlag München Wien
Umschlag: nach einem Entwurf von Klaus Detjen
unter Verwendung der Zeichnung *Perspectiva literaria*
von Johannes Lencker (1547)
Satz: LibroSatz, Kriftel
Druck und Bindung: Pustet Regensburg
Printed in Germany

Inhalt

I
KAFKA

II
BORGES

III

I
KAFKA

Der Prozeß:
Schuld und Integration

In seiner Studie »Der Zauberer und seine Magie« stellt Claude Lévi-Strauss die Mechanismen von Verhexungen dar, die bei den Betroffenen zum Tod führen, wenn sich keine stärkere »Gegenmagie« einstellt (sog. Voodoo-Tod). Dabei wird deutlich, daß ein Individuum an den Folgen seiner Ausschließung aus der Sozietät zugrunde geht, nicht wegen primärer somatischer Veränderungen. Seine Beseitigung aus der Gesellschaft – durch seinen Tod erreicht – ist Ergebnis eines Konsensus, an dem sich das Individuum als Mitglied der Gesellschaft selbst beteiligt:

> »Ein Individuum, das sich bewußt wird, Objekt einer Verhexung zu sein, ist aufgrund der feierlichsten Traditionen seiner Gruppe zutiefst überzeugt, daß es verdammt ist; Verwandte und Freunde teilen diese Gewißheit. Von da an zieht sich die Gemeinschaft zurück: man bleibt dem Verdammten fern, man verhält sich ihm gegenüber, als sei er nicht nur bereits tot, sondern ein Gefahrenherd für die ganze Umgebung; bei jeder Gelegenheit und durch alle Verhaltensweisen legt die Gesellschaft dem unglücklichen Opfer den Tod nahe, das dem, was es für sein unvermeidliches Los hält, gar nicht mehr entgehen möchte. Bald übrigens zelebriert man für es die heiligen Riten, die es ins Schattenreich befördern sollen. Der Verzauberte, zunächst brutal von allen familiären und gesellschaftlichen Bindungen abgeschnitten, ausgeschlossen von allen Funktionen und Betätigungen, durch die das Individuum sich seiner selbst bewußt wird, dann diese aufs neue beschworen, so übermächtigen Kräfte wiederfindend, aber nur, damit sie ihn aus der Welt der Lebenden verbannen, kapituliert nun vor dem ver-

einten Wirken des intensiven Terrors, des plötzlichen und totalen Rückzugs der vielfältigen Bezugssysteme, die mit Einverständnis der Gruppe geliefert werden, und schließlich vor ihrer entscheidenden Abkehr, die ihn schon zu Lebzeiten als Subjekt mit Rechten und Pflichten für tot erklärt, für ein Objekt der Ängste, Riten und Verbote. Die physische Existenz setzt der Auflösung der sozialen Persönlichkeit keinen Widerstand mehr entgegen.«[1]

Die Ausschließung aus der Gesellschaft, die Situation der aufgezwungenen oder selbstgewählten Isolation ist das durchgehende Thema Kafkas. Er hat nur in wenigen Texten die Möglichkeit einer Integration gezeigt oder offengelassen – etwa in den Erzählungen »Ein Bericht für eine Akademie«, »Beim Bau der chinesischen Mauer« oder am Schluß von »Amerika«. Obwohl ihn diese Möglichkeiten sein Leben lang beschäftigten, blieben die Lösungen, die er in seinen Texten oder für seine private Existenz fand, problematisch.

An die erwähnten Riten und Austreibungsexzesse im Rahmen des sozialen Konsensus erinnert besonders die Geschichte der Familie Barnabas im »Schloß«; aber auch das Hauptmotiv des Romans, die vergeblichen Versuche des Landvermessers K., ins Schloß zu gelangen, zuletzt nur in die Dorfgemeinde aufgenommen zu werden, gehören zu diesem Thema. K.s Außenseiterposition wird in der rigiden Atmosphäre des Dorfes mit seinen unentwirrbaren Abhängigkeiten, in der allgemeinen Trägheit der Haltungen und Urteile festgehalten. Auch die Kontakte, die K. noch unbewußt, mit der Unbefangenheit eines Neuankömmlings schließt – und nur solche gelingen ihm –, ändern seine Situation nicht. Die wichtigste Beziehung, die er hat, seine Verbindung mit Frieda, geht in der sozialen Misere zugrunde, unter der Last der gegenseitigen Erwartungen, die keiner der beiden einzulösen vermag. Frieda erwartet von K., daß er mit ihr auswandert, er ist aber gekommen, »um hierzubleiben«. Er will an der

Gemeinde vorbei ins Schloß, er teilt bald die Sehnsüchte der Dorfbewohner, aber nicht ihre Realitätseinschätzung. Er versucht den Einlaß durch andere zu erreichen – durch Frieda, durch Barnabas – und wird von ihnen enttäuscht, obwohl sie für ihn in ihrer Lage das Maximum tun. Nur will er nicht das Maximum, sondern das funktionale Minimum: Friedas fortdauernde Verbindung mit Klamm wäre ihm willkommener als ihre Liebe. Wegen dieser Haltung wird er von Frieda verlassen und verliert so die einzige eigenständige Zuwendung, die er im Dorf bekommen hat. Seine restlichen Kontakte finden unter sozialen Zwängen statt, in denen die möglichen Wünsche des Schlosses berücksichtigt und vorweggenommen werden.

K. weckt Hoffnungen bei den Schwachen der Gemeinde: bei der Familie Barnabas, für die er eine erste Rehabilitationsmöglichkeit bedeutet, bei Hans Brunswick, bei Pepi, vielleicht am Ende auch beim Fuhrmann Gerstäcker – er hat aber nicht vor, ihre Situation zu ändern (etwa »durch neues Land-Vermessen«). Er ist kein Revolutionär.[2] Er bringt keinen Fortschritt, vielmehr werden durch ihn die regressiven, autoritären Kräfte im Dorf bestätigt (die Wirtin, der Lehrer). Er selbst übernimmt die Wertvorstellungen der Gruppe, indem er sich zunehmend um einen Kontakt mit dem Schloß bemüht. Nachdem er von der »Verschuldung« der Familie Barnabas erfahren hat – die Beleidigung des Schlosses –, ist sie ihm nicht weniger unheimlich als den übrigen Dorfbewohnern; wegen der vagen Verbindung zum Schloß über Barnabas' Botendienste hält er noch den Kontakt aufrecht. Obwohl er selbst ihre Hilfe erwartet, schreckt ihn die Hilfsbedürftigkeit der Familie ab – die Gescheiterten könnten seine eigenen Bemühungen mit ihrem Scheitern anstecken. In dieser instinktiven Haltung teilt er die Vorurteile der Gruppe, noch ehe er zu ihr gehört. Seine Asozialität läßt ihn immer konformer werden, seine Konformität führt aber nicht zur Integration. Ihr ist er in seinen affektiven und unbewußten Momenten am nächsten, in denen er frei vom Gruppenschicksal nicht gebannt auf das Schloß starrt: wenn er mit Frieda in den Bierpfützen liegt oder wenn er am Bett des Beamten Bürgel einschläft. Durch den Schein seiner Freiheit, durch sein Außenseitertum zieht er die am Rande stehenden Figuren an – wie Josef K. das Gericht im »Prozeß« durch seine Schuld und Leni durch seinen Nimbus eines Angeklagten anzieht.

Schuld und Außenseitertum sind also letzten Endes das Gleiche?

Wenn es sich zeigen läßt, daß sich am Gericht im »Prozeß« die gesamte Sozietät beteiligt (im Sinne des Malers Titorelli: »alles gehört zum Gericht«), dann läßt sich daraus ableiten, daß die beiden Begriffe bei Kafka identisch sind – oder daß Außenseitertum der übergeordnete Begriff und Schuld ein besonderer Aspekt des Außenseitertums ist.

Das Wesen des Strafprozesses kann mit Hilfe eines ethnologischen Beispiels aus dem erwähnten Text von Lévi-Strauss näher bestimmt werden. Der Vergleich ergibt sich aus der Einsicht, daß ein System aus sich heraus nicht vollständig beschrieben werden kann (»Gödelsches Theorem«). In Kafkas Texten ist der Schuld-Begriff nicht zu definieren, da seine Eigenschaften in allen Beschreibungen, die das leisten sollten, mitwirken. Alles, was bei Kafka im »Prozeß« geschieht, ist auf eine nicht faßbare Weise von Schuld angesteckt.

Die ethnologische Parallele eröffnet darüber hinaus einen Aspekt in Kafkas Werk, der auf eine intensive Beschäftigung des Autors mit sozialen Problemen hinweist.

Lévi-Strauss verzeichnet einen Bericht der Forscherin M. C. Stevenson aus dem Jahre 1905 über einen Vorfall bei den Zuni-Indianern:

Ein Jüngling war der Zauberei angeklagt, weil ein zwölfjähriges Mädchen unmittelbar, nachdem er ihre Hände ergriffen hatte, einen Nervenschock bekommen hatte. Da es ihm nicht gelungen war, die Priester von seiner Unschuld zu überzeugen, änderte er seine Taktik und erklärte in einem langen improvisierten Bericht, wie er in die Zauberei einge-

weiht worden sei und mit welchen Mitteln er das Mädchen
verrückt und wieder gesund machen könne. Da die Gruppe
die Mittel sehen wollte, begab er sich unter Bewachung nach
Hause und brachte zwei Wurzeln, die er dann in einem komplizierten Ritual benutzte. Nach dem Genuß der einen Droge
simulierte er einen Trancezustand, nach dem Genuß der anderen seine Heilung. Dann probierte er die »Heildroge« an
der Kranken aus und erklärte sie für gesund. Die Sitzung
wurde verschoben, in der Nacht aber entfloh der Angeklagte.
Er wurde gefaßt und einer neuen Untersuchung unterworfen,
wobei er die Wirksamkeit seiner Zauberkraft vor der mißtrauisch gewordenen Gruppe von neuem beweisen sollte. Ein
wichtiges Glied in der »logischen« Kette seiner Erzählung
basierte auf Zufall: Nachdem seine erste Zaubertechnik durch
seine Flucht diskreditiert worden war, erdachte er eine andere, die mittels Zauberfedern funktionieren sollte. Dabei bela-
stete er seine ganze Familie, indem er angab, sie könnten sich
alle dieser Federn bedienen, um sich z. B. in eine Katze zu
verwandeln; er selbst könne noch den Mund voller Kaktus-
stacheln nehmen und seine Opfer töten, indem er die Stacheln
auf sie schleudere. Aufgefordert, die magischen Federn vor-
zuzeigen, redete er sich aus, sie wären in einer Mauer versteckt. Er mußte die Mauer aufbrechen – ohne Erfolg. Als er
an einer anderen zu graben begann, kam nach einer Stunde
eine alte Feder im Mauerwerk zum Vorschein. Der Junge hob
sie gierig auf und präsentierte sie als Beweis seiner Zauberei
der Gruppe, die bestürzt zusah. Nun mußte er den Mecha-
nismus ihrer Anwendung erläutern, und dabei bereicherte er
seine Geschichte mit neuen Details. Zum Schluß beweinte er
pathetisch den Verlust seiner übernatürlichen Kräfte und
wurde von der beruhigten Gruppe freigelassen (S. 188 f.).

Was an dieser Geschichte von Bedeutung ist, ist die Um-
kehrung der Haltungen der beiden Parteien: der angeklagte
Junge sucht immer gieriger nach selbstbelastendem Material,
während die Gruppe sich der dargestellten Zauberei gegenüber immer mißtrauischer verhält. Je weniger sie ihm seine

Geschichte glaubt, desto gefährlicher ist seine Lage, obwohl nicht die Unfähigkeit zu zaubern, sondern der Nachweis der Zauberei den Tod bedeutet.

Nicht die Steigerung der Selbstbeschuldigungen aus Angst und unter sozialem Druck ist überraschend – diese Mechanismen funktionieren in jeder Gesellschaft: die europäische Geschichte des 20. Jahrhunderts bewegt sich von einem spektakulären Prozeß zum anderen, die alle auf den Mechanismen von Massenhetze und »Disgregationsangst«, auf unübersehbaren Scharen zwanghafter politischer Flagellanten basieren. Was hier dem tradierten »zivilisierten« Denken fremd erscheint, ist die Toleranz der Gruppe, die Bereitschaft des kollektiven Anklägers, sich von dem Angeklagten überzeugen und belehren zu lassen, und schließlich die Befriedigung, die das Kollektiv aus seiner Information zieht.

Der Junge hört auf, eine Gefahr für alle zu sein und wird als »Helfer der Anklage« zu einem nützlichen Mitglied der Gruppe: »Dank seiner verlieren die Hexerei und die damit verknüpften Gedanken als diffuses Ganzes von Gefühlen und unklaren Vorstellungen ihren bösen Charakter und schlagen sich als Erfahrung nieder. Der Angeklagte bringt als Zeuge der Gruppe einen Gewinn an Wahrheit ein, der dichter und reicher ist als der Gewinn an Gerechtigkeit, den seine Exekution zur Folge gehabt hätte.« (S. 190 f.)

Die Aufnahmebereitschaft der Gruppe hängt mit ihrer sozialen Organisation zusammen. Bei den Naturvölkern verlaufen alle Lebensäußerungen im engen Bezug auf die Erwartungen der Gruppe; der Zusammenhalt der Gruppe ist ihr Lebensmotor und ihre Überlebenschance und unterliegt ihrer ständigen Kontrolle. Die Integration, das grundsätzliche Zugehörigkeitsgefühl der Angehörigen dieser aussterbenden Kulturen ist viel intensiver als die der zivilisierten Gesellschaften, wo anstelle von komplizierten interpersonalen Beziehungen wirtschaftliche Zwänge treten. Die Industriegesellschaft speit ihre Delinquenten aus, sie isoliert sie in Gefängnissen, in psychiatrischen Anstalten, schiebt sie hinter die Grenze ab.

Solche Praktiken würden den anderen Kulturen genauso grausam und unmenschlich vorkommen wie uns die Residuen von Anthropophagie bei einigen rezenten Stämmen, die im Gegensatz zu unserem weitverbreiteten und öffentlichen Strafvollzug sehr beschränkt und diskret auftreten. Disgregation als Strafe wird in den »primitiven« Kulturen nicht ausgeübt. In den extremen Fällen eines Todesurteils bedeutet der Tod vor allem Beseitigung einer aktuellen Gefahr, nicht die Bestrafung eines Beschuldigten. Solange sich die Gefahr bannen läßt – wenn die Zauberei z. B. eine plausible Erklärung findet –, werden die Schuldigen integriert.

Bei den nordamerikanischen Plains-Indianern z. B. wurde derjenige, der gegen die Gesetze verstieß, dadurch bestraft, daß ihm von der »Polizei« des Stammes sein Besitz zerstört wurde. Danach organisierte die Polizei, die nun in seiner Schuld stand, eine Wiedergutmachung des Schadens. Durch die kollektive Hilfe war wieder der Bestrafte der Gruppe verpflichtet und gezwungen, seine Dankbarkeit durch Geschenke zu bezeugen. Bei ihrem Sammeln halfen ihm eifrig alle, »einschließlich der Polizei, was das Verhältnis von neuem umkehrte. Dieser Austausch dauerte so lange, bis nach einer ganzen Reihe von Geschenken und Gegengeschenken das Chaos beseitigt und die ursprüngliche Ordnung wiederhergestellt war.«[3] Mit der ursprünglichen Ordnung ist auch die Integration des Bestraften auf derselben sozialen Stufe vollzogen, auf der er vor seinem Delikt stand. Die Gruppe hatte ihn zur Strafe zurückgeworfen, ihn entmündigt; diese temporäre Entmündigung hatte aber durch die gemeinsame Arbeit an ihrer Beseitigung sowohl der Gruppe als auch dem Bestraften ein verstärktes Zugehörigkeitsgefühl und soziale Befriedigung eingebracht. Die Entmündigung in Gefängnissen und Nervenheilanstalten der modernen Industriegesellschaft ist dagegen total und Selbstzweck.

Die Steigerung von Geschenken bei dem Strafvollzug der Plains-Indianer ist dem weitverbreiteten *Potlatsch* verwandt, bei dem der soziale Status des Gebenden von seiner Generosität bestimmt wird. Die Rangordnung ändert sich, da die Beschenkten und dadurch Gedemütigten beim nächstenmal wieder die anderen beschenken können und so ihren eigenen Rang erhöhen. Diese Prestigewirtschaft bezieht die Nachbarn ein, wobei sich die rivalisierenden Gruppen manchmal einige Jahre lang auf den nächsten Potlatsch vorbereiten, um bei riesigen Festen die anderen durch entsprechende Geschenke zu übertrumpfen (in besonderen Fällen der Entwertung der kulturellen Produktion durch den Handel mit Weißen kann das zu ruinösen Verschwendungs- und Zerstörungsorgien führen).

Die erwähnten Indianer-Riten und -Praktiken – sowohl bei puren Machtdemonstrationen, bei Belohnungen als auch bei Bestrafungen – sind Beispiele von integrativen Prozessen. Sie bewirken die Entfaltung und den Unterhalt der komplizierten Familien- und Verwandtschaftsstrukturen. Die Kompliziertheit der Sozialstrukturen beruht auf dem intellektuellen Bedürfnis zur Differenzierung und Partiierung der Umwelt und dem elementaren Zwang zum Zusammenhalt.

Die angedeutete Charakteristik der zivilisierten Justiz macht dagegen deutlich, daß die Industriegesellschaften die Integration ihrer Angehörigen fortwährend bedrohen. Dem entsprechen auf der Gegenseite die zwanghaften Integrationsmaßnahmen der Erziehung, beim Militär, in der Einspannung der Massen in die Rentabilitätswirtschaft. Anstelle von menschlichen Beziehungen treten Sachen, deren permanenter Konsum die Gesellschaft in ihren funktionalen Grenzen zu halten helfen soll. Diese Gesellschaft, anstatt sich des zerstörerischen Überflusses an Sachen zu entledigen[4], entledigt sich der Menschen, wobei die Justiz nur einen geringen Teil zu der sozialen und wirtschaftlichen Exekution beisteuert.

Die Art des Strafvollzugs läßt aber besonders deutlich zwischen zwei Typen von Gesellschaften unterscheiden: »nämlich zwischen solchen, die Menschenfleisch essen, also in der Einverleibung gewisser Individuen das einzige Mittel sehen, um deren furchtbare Kräfte zu bannen oder gar zu nutzen, und jenen anderen – wie die unsrige –, die eine Haltung einnehmen, welche man als Anthropoemie (von griechisch emein = erbrechen) bezeichnen könnte.«[5] Angesichts dieser Unterscheidung stellt sich die Frage, wohin gehört der »Prozeß« von Kafka – der in einer zivilisierten Gesellschaft geführt wird, aber nicht mit ihren üblichen Mitteln.

Es muß die Eingangsüberlegung überprüft werden, ob an dem von Kafka geschilderten Prozeß die gesamte Gesellschaft teilhat. Die Aussage Titorellis: »Es gehört ja alles zum Gericht«, hätte ohne den sozialen Hintergrund, vor dem sich Josef K.s Prozeß abspielt, nur einen rhetorischen Wert. Es gibt aber von Anfang an Indizien dafür, daß die Umgebung über den Fall Josef K. Bescheid weiß – sogar früher als Josef K. selbst, wie der besonders neugierige Blick der alten Frau im gegenüberliegenden Fenster vor seiner Verhaftung zeigt: während der Verhandlung kommen noch zwei Männer hinzu und beobachten mit ihr die Szene.

Frau Grubach, der Onkel, der Bankdiener, der Fabrikant wissen vom Prozeß. Der Kreis erweitert sich um unzählige Personen, die in evidentem Zusammenhang mit dem Gericht auftreten, und um diejenigen, die von Josef K. wegen möglicher Hilfe aufgesucht werden. Niemand ist von seinem Prozeß überrascht; weder darüber, daß Josef K. angeklagt ist, noch über die Durchführungsform des Prozesses. Mit der Zeit verdichtet sich in seinem Kontaktkreis die negative Einschätzung seiner Lage. Von dieser Entwicklung wirkt auf ihn nur soviel ein, daß er allmählich um seinen Prozeß besorgter wird.

Das Wissen der anderen um Josef K., ihre vage Sorge oder Neugier, jedenfalls Teilnahme, ist ein durchgehendes Motiv, das von der ersten Seite bis zu der letzten wiederkehrt und seinen sprachlichen Höhepunkt in der *über alles herrlichen Stelle*[6] unmittelbar vor Josef K.s Hinrichtung erreicht:

> »Wie ein Licht aufzuckt, so fuhren die Fensterflügel eines Fensters dort auseinander, ein Mensch, schwach und

dünn in der Ferne und Höhe, beugte sich mit einem Ruck weit vor und streckte die Arme noch weiter aus. Wer war es? Ein Freund? Ein guter Mensch? Einer, der teilnahm? Einer, der helfen wollte? War es ein einzelner? Waren es alle? War noch Hilfe? Gab es Einwände, die man vergessen hatte? Gewiß gab es solche. Die Logik ist zwar unerschütterlich, aber einem Menschen, der leben will, widersteht sie nicht. Wo war der Richter, den er nie gesehen hatte? Wo war das hohe Gericht, bis zu dem er nie gekommen war? Er hob die Hände und spreizte alle Finger.«[7]

Das Gericht findet unter Einbeziehung der Öffentlichkeit statt. Jeder Prozeß wächst sich zum einzigen Lebensinhalt der Angeklagten und der Richter aus, mit »Verschleppung« oder mit »scheinbarer Freisprechung« währt er lebenslang. Bei Josef K. dauert er nur ein Jahr. Er bringt keinen Freispruch (wirkliche Freisprechung gibt es nur in Legenden – laut Titorelli), aber auch keinen Schuldspruch, nur den Tod.

Das größte Problem Kafkas ist die Angst, und es ist der Schuldspruch, der von dieser Angst erlöst. Das bedeutet, daß die Angst vor Ausschließung durch die reale Ausschließung abgelöst wird. Damit ist aber Disgregation, Ausschließung nicht erklärt und ebensowenig Schuld.

Für den »Prozeß« ist bezeichnend, daß die Erlösung durch den Schuldspruch nicht gewährt wird, der ganze Roman erhält seine Spannung durch ein ständig fortschreitendes Schüren der Disgregationsangst, die hier als unverständige Angst vor dem Schuldspruch erscheint.

Einen Schuldspruch kann es nicht geben, denn an der Schuld hätte die Gesellschaft den gleichen Anteil wie Josef K., der ja ein Mitglied der Gesellschaft ist.

Durch die von außen herangezogenen Zusammenhänge aus Kafkas »Schloß« und aus dem Indianer-Prozeß bei Lévi-Strauss kann das Wesen dieser Schuld erklärt werden.

Nach der Gleichsetzung des Gerichts mit der Gesellschaft,

analog der Verhandlung bei den Zuni-Indianern, ist Schuld Außenseitertum, Besitz von Freiheitsgraden (Fähigkeiten bei dem Indianer-Jungen), die nicht zur Heilung der Sozietät aufgewendet werden.

Unter den Zwängen der Gruppe wird der angeklagte Junge zum Zauberer: während seiner Verteidigung, die den Beweis seiner Zauberei hervorbringen soll, nicht seiner Unschuld – steigert er sich in seine Ausführungen hinein und läßt sich zuweilen von ihrer zunehmenden »Schlüssigkeit« genauso faszinieren wie seine Zuschauer, die über ihn richten. Was er leistet, ist die Garantie des Gruppenkonsens, die Bestätigung des Denksystems, an dem er selbst, als Mitglied der Gruppe teilhat und das für ihn nicht weniger großen Wert hat als die persönliche Sicherheit, die er dabei aufs Spiel setzt. Es ist nicht wichtig, daß er unschuldig ist, das allein hätte ihm zu seiner Freilassung nicht verholfen; vielmehr wären seine Beteuerungen, wenn er sie nicht abgebrochen hätte, als Weigerung vor den Anforderungen der Gruppe verstanden worden und hätten dadurch den Beweis für sein Außenseitertum und den Grund für seine Beseitigung geliefert. Nur indem er auf den Dialog mit der Gruppe eingeht und die Möglichkeiten, die der Konsensus – das Gesetz – zuläßt, unter beträchtlichem persönlichem Risiko bis an seine Grenzen erforscht und wahrnimmt, erreicht er für sich die Freilassung und für die Gruppe die Bestätigung ihrer Integrität, deren Überprüfung der Prozeß ermöglicht hat. Darüber hinaus hat der Junge die Belastbarkeit des Gesetzes erprobt und dabei einen größeren Freiraum vorgefunden, als er bis dahin unter dumpfen kollektiven Empfindungen wahrgenommen hatte.[8] In diesem gesetzlichen Freiraum, der von der Sozietät in seiner Weite kaum untersucht wird, liegt die Möglichkeit einer größeren Toleranz – künftigen Zauberern gegenüber –, aber auch die Möglichkeit, das Gesetz zu ändern, seine Grenzen zu erweitern. Es ist die einzige Chance, die der Einzelne zur Verbesserung der Gesellschaft hat.

Die Gesellschaft, die Kafka untersucht, läßt aufgrund ihrer Prozeßführung auf ein Minimum von Freiraum schließen. Die beiden Kontrahenten – das Gericht und der Angeklagte – die Gesellschaft und der Einzelne – halten sich in einem Clinch, aus dem ein Ausweichen in einen Freiraum nicht möglich ist. Gemessen an den rigiden Mitteln des Prozesses und seines Endes sind die Zwänge in der Gesellschaft Josef K.s so stark und allgemein, daß die Gesellschaft als ein einziges Repressionskartell erscheint. Gegen ihre niederen Mitglieder führen die Zwänge der Gesellschaft nicht zu einer Wirkung, da sie dort auf die nämlichen Zwänge der Armut und Abhängigkeit stoßen. Zwang auf Zwang angewendet, führt zum Zustand der Unaushaltbarkeit – d. h. die Gesellschaft erträgt sich selbst in ihrer zwanghaften Verfassung nicht. Sie wälzt sich in jede Richtung, in der sich noch ein Freiraum zeigt – nicht in der Wirklichkeit, wohl aber in dem Urteil, das Kafka im »Prozeß« über seine Gesellschaft fällt. Der Freiraum, den sie dabei überflutet, sind die Privilegien der besser gestellten Mitglieder.[9] Josef K. wird inmitten seiner Angewohnheiten und privaten Bequemlichkeiten erfaßt – »durch nichts besonders hervorragend, durch nichts besonders verächtlich«[10], eine typische Gestalt Kafkas. Diese Durchschnittlichkeit ist nur relativ: schon im »Prozeß« fallen die Bankprokuristen- und Mietsherrn-Manieren Josef K.s im Umgang mit den anderen kraß auf.

Die Gesellschaft holt die Lauen und Asozialen und zieht sie in ihren Prozeß hinein. Das Gesetz, zu dessen Beachtung, ohne es zu kennen, alle angehalten sind, ist das reine soziale Gesetz, die Notwendigkeit, an der Sozietät teilzunehmen.[11] Es ist die Pflicht, sich um die Bedürfnisse der Gesellschaft zu kümmern, ihre Grenzen im Sinne einer Änderung zu erforschen. Es gibt keine Hilfsmittel außerhalb der Gesellschaft, außerhalb des Gerichts – keine Appellationsmöglichkeiten für die Angeklagten bei einer höheren Instanz.

Dieser elementare Prozeß, der aus der Notwendigkeit einer Heilung der Gesellschaft durch die Teilnahme aller hervorgeht, ist ein integrativer Prozeß. Im Fall Josef K.s scheitert er: an der Asozialität Josef K.s, an der Rigidität der Gesellschaft. Die Schuldfrage kann hier nicht gelöst werden: »Es gibt kein richtiges Leben im falschen.«

Deshalb endet der Prozeß nicht mit einem Schuldspruch, sondern durch eine Zerstörung des Verhängnisses in sich selbst. Josef K. wird getötet, und die Scham, die ihn überlebt, fällt der Gesellschaft zu. [12]

Genese eines wahnhaften Systems

I. Double bind

Zu der Lehre des Zen-Buddhismus gehören Beispiele wie dieses: Der Zen-Meister hält seinem Schüler einen Stock über den Kopf und droht: »Wenn du sagst, dieser Stock sei wirklich, werde ich dich damit schlagen. Wenn du sagst, dieser Stock sei nicht wirklich, werde ich dich damit schlagen. Wenn du nichts sagst, werde ich dich damit schlagen.«

Bis der Schüler die Geduld verliert, dem Meister den Stock entreißt und zerbricht, oder ihn damit schlägt, je nachdem, wie lange er die Spannung ertragen mußte, ehe er imstande war, die befreiende Handlung zu vollziehen.

Dann hat er die Erleuchtung *satori* vielleicht erreicht, und seine Lehrzeit ist beendet.

Die Parabel »Vor dem Gesetz« in Kafkas Roman »Der Prozeß« kann dagegen als Beispiel einer Erleuchtung gelten, die keiner erreicht. Wer in diesem Text mit seinem unverkennbar appellativen Charakter – mit chassidischen Legenden, dem Talmud und Kierkegaard als Vorlagen – religiöse und transzendentale Züge erblickt und sie auf den gesamten Roman überträgt, dem dürfte die Parallele: Kafka – Zen-Buddhismus einleuchten.

Im Folgenden wird jedoch nicht das abstrakte Ziel des Mannes vom Lande oder des Zen-Schülers untersucht, sondern die konkreten Bezüge, aus denen sich sein Verhalten erklären läßt; die Mechanismen von sozialen Zwängen, deren Grundmuster sich in den meisten Texten von Kafka wiederholt. Sie können an der Parabel und ihrer Rahmensituation, dem Gespräch Josef K.s mit dem Gefängniskaplan im Dom, gezeigt werden.

Es handelt sich um die Mechanismen des ›double bind‹

oder der ›Beziehungsfalle‹, wie sie in der Ätiologie der Schizophrenie untersucht wurden.[1]

Auch im ›Normalverhalten‹ sind sie als kryptische Bestandteile sozialer Beziehungen, als unterschwellige Absichten wirksam. Die Situation des ›double bind‹ kann an dem Beispiel des Zen-Schülers nachvollzogen werden.

Das Individuum ist gehalten, sich zwischen Botschaften zu entscheiden, die sich widersprechen. Die Situation ist beklemmend und eine Lösung dringend. Der Ausgang seiner Entscheidung hängt davon ab, wie intensiv die Beziehung zum Urheber der Botschaft ist und welche Freiheit das Individuum hat, sich mit ihr kritisch auseinanderzusetzen. Es kann entweder mit einem Impuls die Hemmung überwinden (›Erleuchtung‹), oder wird durch die Wiederholung solcher Beziehungsfallen in die Enge, im Extremfall in die Schizophrenie getrieben.

Was dem Zen-Schüler möglich ist, ist für den Geisteskranken unerreichbar. Seine Beziehung zu der Person, die die widersprüchlichen Botschaften gesendet hat (ursprünglich meist die Mutter), ist eine andere als die wesentlich autonomere Beziehung des Zen-Schülers zu seinem Meister. Der Kranke bleibt dem Dilemma verhaftet, er kann sich nicht entscheiden, weil jede Entscheidung im Rahmen der Möglichkeiten, die ihm geboten sind – und andere sieht er nicht – eine Strafe nach sich ziehen würde, wie die Drohungen des Zen-Meisters, wenn sich der Schüler über sie nicht hätte hinwegsetzen können.

Eine Mutter, die sich vor ihrem Kind aus Angst zurückzieht und diesen Rückzug dann durch ein betont liebevolles Verhalten zu verbergen versucht, auch vor sich selbst, initiiert eine ›double bind‹ Situation. Diese wird komplettiert durch die Unfähigkeit des Kindes, eine der Botschaften der Mutter richtig zu beantworten. Wenn es ihr zu nahe tritt, d. h. wenn es auf sie wie auf eine liebende Mutter reagiert und seine Anhänglichkeit zeigt, wird sie sich aufgrund ihrer tiefliegenden Angst vor ihm zurückziehen. Wenn es auf ihre ›Liebe‹

nicht eingeht, wird sie sich zur Strafe von ihm zurückziehen und vielleicht das Kind der Lieblosigkeit zeihen.

Das Kind ist damit in einer Beziehungsfalle gefangen, und das unerträgliche Dilemma sieht so aus: »Wenn ich die Bindung zu meiner Mutter behalten will, darf ich ihr nicht zeigen, daß ich sie liebe, aber wenn ich ihr nicht zeige, daß ich sie liebe, werde ich sie verlieren.« (Bateson et al., S. 31)

Die Botschaften, die die Mutter sendet, gehören zu verschiedenen Ebenen. Die positive, liebevolle Aussage ist meist verbal und bewußt; ihre Negierung geschieht unkontrolliert durch begleitende Gestik oder Mimik, aber auch durch inkongruente Sätze oder einen widersprüchlichen Ton. Ein Kind, das von der Mutter aufgefordert wird: »Komm auf meinen Schoß« in einem Ton, der besagt: »Bleib mir bloß vom Leib«, ist nicht imstande, diese inkongruenten Botschaften kongruent zu beantworten. Die einzige Möglichkeit, ihnen zu begegnen, ist, auf eine inkongruente Weise zu reagieren. Es wird z. B. der Mutter auf den Schoß krabbeln und sagen: »Oh, was hast du für einen schönen Knopf am Kleid!«, als wäre es nur gekommen, um sich den Knopf anzusehen. (Bateson et al., S. 105 f.) Um eine Bestrafung zu vermeiden, die ihm mit der Befolgung der Gebote droht – denn das Kind kann der Mutter, so wie sie ihren Appell formuliert hat, nie Genüge tun –, flüchtet es sich zu einer Pseudo-Kommunikation, in der es das eine Gebot erfüllt, aber unter dem Vorwand, es handele sich eigentlich um etwas anderes. So kann die Mutter es nicht strafen, denn es hat es getan und es hat es nicht getan – genau so, wie sie es gewünscht hat.

Der Wahn des Mächtigen ist die Realität für den Schwachen; eine ›autistische‹ Mutter füttert ihr Kind, wenn sie hungrig ist. Aus der gespaltenen Beziehung der Mutter zum Kind resultiert das Kind als gespaltene Persönlichkeit.

Es wagt nicht, sich Klarheit über seine Gefühle zu verschaffen, denn es ist ihm auferlegt zu empfinden, was der Erwachsene meint: »Du bist jetzt müde«, sagt die Mutter, wenn sie das Kind ins Bett schicken will. Das Kind hat nur die Wahl, an seiner Wachheit zu zweifeln oder an der Liebe seiner Mutter. Da es mit der Mutter weiterleben muß, wird es sich für das erste, seine Müdigkeit, entscheiden.

Wenn das Verhältnis der Empfindung in der double bind-Situation so einfach wäre, wie es in dieser Wahl scheint, würde das Kind sie bald durchschauen; es würde nicht schizophren, sondern nur zur Lüge erzogen.

Die Schwierigkeit einer wahren Darstellung des ›irren Geistes‹ liegt darin, daß sie nicht zugleich rational sein kann: denn entweder ist sie wahr, dann hat sie teil am Prinzip der Abirrung, an der logischen Versetzung; oder sie ist rational, dann ist sie nur ein Urteil über die Entfernung des ›normalen‹ Denkens vom Wahn, den es nicht erfassen kann.

Vor dem gleichen Problem steht die Interpretation Kafkas: Folgt sie seinen logischen Zwängen ›um der Wahrheit willen‹, dann wird sie das Dunkel nur verdichten und an seiner Unverständlichkeit teilhaben. Legt sie die Schnitte des wachen, reflektierten Bewußtseins durch sein Werk, so erhellt sie eine rationale Gliederung, die im Bezug auf Kafka nichts bedeutet. Das rationale Urteil zerlegt den Wahn nicht in seine logischen Elemente, sondern bildet die rationale Begriffsbildung auf ihn ab. So muß, um das Wesen des Wahnhaften sichtbar zu machen, die vorher erwähnte Wahl zwischen der Wachheit des Kindes und der Anhänglichkeit an seine Mutter ergänzt werden durch die darin eingeschlossene Wahl zwischen zwei Empfindungen, die dem gesunden Kind nur eine sind. Die Wahl zwischen seiner Wachheit und einem Produkt seiner Wachheit, der absichtlichen Empfindung von Müdigkeit, die die Mutter induziert hat.

Es muß in sich nachtasten, ob es nicht vielleicht doch müde ist. Es muß doppelt wach sein, um sich müde zu fühlen.

In dieser Situation kann das Kind nach seiner Anstrengung nicht mehr entscheiden, wie es sich wirklich befindet. Es muß sich von außen bestimmen lassen. Es wird also fragen: Ich bin müde? – wie die kluge Else im Märchen, nachdem sie durch ihren Mann ›zur Vernunft gebracht‹ wurde; mit Netz und Schellen behangen, sich selbst unkenntlich geworden, fragt sie vor dem Fenster ihres Hauses: »Hans, ist die Else drinnen?« Die scheinbare Sachfrage ist in Wahrheit eine Existenzfrage.

Zu dieser Kategorie von Sätzen, aber mit anderem Vorzeichen, gehört auch das ›Necken‹ der Kinder von Erwachsenen: »Geh und schau nach, ob ich da bin!« Sartre berichtet das über Flauberts Kindheit; es ist auch heute noch in Frankreich üblich. Andere Länder haben ähnliche Scherze mit Kindern auf Lager.

Der Versuch, dies wenigstens andeutungsweise nachzuvollziehen, bietet einen Schlüssel zum Verständnis der Not des Kindes. Er kann als Hilfskonstruktion dienen, die zwingenden Mißverständnisse in den Beziehungen bei Kafka der Stringenz des Textes zu entreißen und auf einer Ebene abzubilden, die sich mit den realen, ›verständlichen‹ Zwängen des Alltags befaßt – als Vorlage der Literatur.

II. Die Parabel »Vor dem Gesetz«

Diese Stelle im »Prozeß« scheint jeden anderen als religiösen Ansatz für Deuter zu sperren. Damit fällt auf den gesamten Roman ein Licht der Transzendenz, das bis heute in unzähligen Interpretationen zu Kafka scheint – ganz im Sinne des Erst-Editors Max Brod, der auch die problematische Kapitel- und Textanordnung und ihre Zusammenführung zu einem Romanganzen auf sich genommen hat, wie in Kafkas Gesamtœvre.

Kafka selbst kannte soziale und private Zwänge zur Genüge, um noch hinter jeder parabelhaften Repression konkrete Zusammenhänge erkennbar zu machen; er gehörte zu den wenigen Schriftstellern seiner Zeit, die eine Fabrik von innen gesehen haben. Gegenüber religiösen Erklärungen kann seine Haltung als zurückhaltend bis freundlich indifferent bezeichnet werden. Mehrmals hat er auch handfestere Verständnisstützen zu seinen Texten geliefert, so z. B. zu der Erzählung »Das Urteil«; es ist aber auch bekannt, daß er beim Vorlesen des Anfangs aus dem »Prozeß« unbändig lachte, und seine Freunde mit ihm.

Die Möglichkeit, das Gespräch des Geistlichen mit Josef K., jene ominöse Parabel, die er K. am Vorabend seiner Hinrichtung in einem Nebenschiff des Doms zu Prag präsentiert, auch anders zu verstehen als ein Gleichnis von der göttlichen Unerreichbarkeit, erschließt sich, wenn man sich die Mechanismen der Gefügigmachung, die in der Geschichte von dem strengen Türhüter (man kann ihn auch sadistisch nennen) und dem einfältigen Mann vom Lande als die Machenschaften eines ›Handlangers‹ vergegenwärtigt, der an ein Machtsystem als dessen letztes Glied angeschlossen ist, mit allen Schikanen und Einschüchterungen der Bevölkerung, die einem Apparat immanent sind und sein Fortbestehen garantieren.

Die Geschichte, die der Kaplan Josef K. erzählt, ist dabei aufgebaut wie ein Spiegelbild der Beziehungsfalle, in die Josef K. tappt, als er bei dem Geistlichen Hilfe sucht. »Ich habe . . . Vertrauen zu dir . . . Mit dir kann ich offen reden.«

»Täusche dich nicht«, sagte der Geistliche.

»Worin sollte ich mich denn täuschen?«

»In dem Gericht täuschst du dich, . . . in den einleitenden Schriften heißt es von dieser Täuschung: Vor dem Gesetz steht ein Türhüter. . . .[2]

– Ein Mann vom Lande begehrt Einlaß ins Gesetz, wird von dem Türhüter abgewiesen mit der Erklärung, er könne ihm jetzt den Eintritt nicht gewähren, und verbringt dann sein Leben auf einem Schemel vor der Tür zum Gesetz, auf die Erlaubnis zum Eintritt wartend.

»Vor seinem Tode sammeln sich in seinem Kopfe alle Erfahrungen der ganzen Zeit zu einer Frage, die er bisher an den Türhüter noch nicht gestellt hat. . . . ›Alle streben nach dem Gesetz, . . . wie kommt es, daß in den vielen Jahren niemand außer mir Einlaß verlangt hat?‹ Der Türhüter erkennt, daß der Mann schon am Ende ist, und um sein vergehendes Gehör noch zu erreichen, brüllt er ihn an: ›Hier konnte niemand sonst Einlaß erhalten, denn dieser Eingang war nur für dich bestimmt. Ich gehe jetzt und schließe ihn.‹«

So angekündigt gibt sich die Parabel als eine Geschichte der Täuschung, und Josef K. findet am Ende der Parabel das Gesuchte sofort: »Der Türhüter hat also den Mann getäuscht.«

»Sei nicht übereilt«, sagte der Geistliche, »übernimm nicht die fremde Meinung ungeprüft. Ich habe dir die Geschichte im Wortlaut der Schrift erzählt. Von Täuschung steht darin nichts.«

Wenn man den ersten Satz »In den einleitenden Schriften zum Gesetz heißt es von dieser Täuschung:« mit dem letzten vergleicht, bekommt man ein einfaches double bind-Schema, das der Kaplan im Laufe der Unterredung mit K. zu einer massiven Beziehungsfalle ausbaut, aus der es für K. kein Entrinnen mehr gibt.

Mit den ersten, einladenden Worten des Kaplans wird K. auf das dünne Eis einer fremden Logik gelockt, wo sich nichts Gewohntes wiederfindet, vielmehr die Verwirrungen der letzten Zeit, seines undurchschaubaren Prozesses, der ihm seine mentalen Kräfte raubt, verdichtet werden. Schon die unerwartete Anrufung K.s von der Kanzel herab, das sinistre Ambiente des dämmrigen Doms, wo K., auf einen italienischen Geschäftsfreund der Bank wartend, statt seiner mit den letzten Dingen konfrontiert wird, entziehen sich dem Alltag seiner Praxis als Bankprokurist, sogar auch als Angeklagter in seinem Prozeß, in dem er sich bisher noch eine gewisse Ablehnung und Unbeugsamkeit bewahrt hat. »Weißt du, daß dein Prozeß schlecht steht?«, fängt der Kaplan an, und hat sofort K.s Aufmerksamkeit.

K.s dringliche Suche nach einem Sinn der Parabel ist gleichzeitig die Suche nach einer Übereinstimmung mit dem

Kaplan, von dem er sich einen Ausweg aus dem Prozeß erhofft. Aber der Kaplan hat alle persönlichen Äußerungen eingestellt, er ist zu einem rigiden Vertreter des Gerichts geworden, der repressiven anonymen Macht, die Josef K. den Prozeß macht. Die Hinrichtung K.s folgt auf diese Begegnung.

III. Die drei Ebenen der Täuschung

Die Täuschung ist der Gewalt komplementär. Wo diese nicht hinreicht, weil die geschichtlich bedingte Einteilung der Gesellschaft in autonome Kompartimente eine übergreifende Befugnis der Herrschaft nur virtuell oder formal gelten läßt, wird das Individuum aus seinem Refugium in den Wirkungsbereich der Gewalt verlockt und getrieben.

Die Täuschung kann auf drei Ebenen inszeniert werden:
1. als mentale Verwirrung,
2. durch Lenkung der Einsicht,
3. durch Symbolsetzung.

Auf diesen Ebenen ist das Individuum verwirrenden Einflüssen leicht zugänglich, weil auf ihnen die fundamentalen Bedürfnisse sozialer Bindung und Orientierung gestaltet werden.

1. Das Individuum sucht nach mentaler Sicherheit – gegenüber einer Autorität kann es sie in der Abhängigkeit und durch Fügsamkeit erreichen. Die Täuschung durch widersprüchliches Verhalten der Autorität führt zu einer Minderung des Sicherheitsgefühls und zur mentalen Desorientierung.

2. Das Individuum sucht nach der Richtigkeit seiner Einsichten. Das Bedürfnis nach Stimmigkeit seiner Ansichten und Beziehungen führt zur Entwicklung einer subjektiven Logik, deren Konsequenz-Charakter vor allem vom Verlauf seiner sozialen Beziehungen geprägt wird. Die Täuschung auf dieser Ebene, herbeigeführt durch Bezichtigungen, irrefüh-

rende Mahnungen und Belehrungen, berührt unmittelbar die logische Einsicht. Das Individuum gerät über den Versuch, die verzerrten Beziehungen erneut richtig zu fassen, in ein Labyrinth von Korrekturen und Folgerungen.

3. Das Individuum strebt nach einer befriedigenden Symbolisierung des Beziehungsinhaltes. Da es ihm auch ohne Täuschung selten gelingt, seine sozialen Beziehungen spannungsfrei zu gestalten und seine Probleme schlüssig miteinander zu verknüpfen, versucht es, durch eine angemessene Benennung und Symbolisierung den Beziehungsinhalt als Wert zu sichern und abzugrenzen. Dabei helfen ihm in vielen Bereichen die traditionellen Symbolisierungen und Symbolverknüpfungen, eine harmonische Ordnung der ungelösten Partikel zu erreichen und ausweglose Konsequenzen zu vermeiden. Auf diesem Wege kann das Individuum durch Entstellung der Tradition und durch das Aufdrängen von Symbolen um seine Wertvorstellungen betrogen und zu falschen Erwartungen oder zur Hoffnungslosigkeit gebracht werden.

Auf keiner dieser drei Ebenen allein kann das Individuum vollständig in Täuschungen verstrickt werden. Eine Enttäuschung und Irritierung durch die Autorität ohne zusätzliche Täuschung auf einer anderen Ebene könnte das Individuum noch als launisches Verhalten bewerten und sich entsprechend vorsehen. Ebenso kann es Bezichtigungen oder falsche Symbolsetzungen allein als lügnerisch oder als leer entkräften. Wenn aber Täuschungen in zwei oder in allen drei Beziehungsarten zusammenwirken, bilden sie eine Beziehungsfalle. Das Opfer mehrerer Widersprüche auf verschiedenen Ebenen verstrickt sich in ihnen durch seinen Versuch, sie zu harmonisieren.[3]

Die Determinierung des Opfers läßt sich im Falle Josef K.s als veranstaltete Täuschung auf allen Ebenen sozialer Bindungsbedürfnisse nachweisen.

1. Die Ebene der mentalen Verwirrung

Der Kaplan hat die Parabel als Kommentar zum Begriff einer besonderen Täuschung, der »Täuschung im Gericht« eingeführt. Josef K. identifiziert diese als Täuschung des Mannes vom Lande durch den Türhüter, weil der Sinn in der Schwebe blieb: in der Parabel wird das Gericht nicht einmal erwähnt. An seine Stelle tritt das Gesetz oder das Tor zum Gesetz, so daß K. den Türhüter für einen Gerichtsangehörigen halten kann. In diesem Zusammenhang bildet er seine Meinung parallel zu seiner eigenen Täuschung durch das Gericht.

Der Kaplan schwächt die egozentrische Bedeutsamkeit dieser Meinung ab, indem er sie als eine fremde Meinung bezeichnet. »Übernimm nicht die fremde Meinung ungeprüft«. – Indem er K. sagt, was er nicht tun soll, sagt er ihm von neuem, was er tun soll.

Daß K. ihm darin folgt, hängt mit einer Eigenart der Autorität zusammen. Das Ansehen der Autorität wird von einem Untergebenen dadurch genährt, daß er in den Äußerungen der Autorität einen Sinn sehen will oder einen Zweck für sich ableiten möchte.

Widersprüchliche Äußerungen veranlassen ihn zu verstärkten Anstrengungen, die darin gipfeln können, daß ihm endlich das Rätsel selbst zur höchsten Autorität wird, die seine größten Anstrengungen rechtfertigt. Der Kaplan hat also durch die Widersprüche seiner Erklärungen nichts an Autorität eingebüßt, wohl aber K. an Freiheit, sich eine eigene Meinung zu bilden.

Der Kaplan hat K. an sich gebunden, aber dessen Bedürfnis nach Bindung, das sich in K.s Folgsamkeit zeigt, abgelehnt. K. hat keine Möglichkeit mehr, es ihm recht zu machen, aber auch keine, aus der Bindung frei zu kommen.

Die Beziehungsfalle vertieft sich labyrinthisch im Fortschreiten der Exegese. Jedesmal, wenn K. auf einen Einwand des Kaplans eingeht, zieht dieser sich zurück und hält ihm

eine weitere Meinung entgegen: »Die Erklärer sagen hiezu: . . .«. Er selbst legt sich nicht fest, er legt nur K. fest.

Schon der Rahmen dieser Unterredung ist als Beziehungsfalle angelegt. Die ersten Worte des Kaplans: »Ich habe dich
hierher rufen lassen« stellen die Falle auf. Mit der Bemerkung
»Laß das Nebensächliche« (das Reisealbum) entzieht er K.
die Gründe für sein Kommen, stellt sie als scheinbare hin und
verfügt andere Gründe für ihn. Am Ende des Gesprächs, in
der wörtlichen Entlassung K.s, werden ihm diese als eigene
Absicht unterstellt: »Ich gehöre also zum Gericht . . . Warum
sollte ich also etwas von dir wollen. Das Gericht will nichts
von dir. Es nimmt dich auf, wenn du kommst, und es entläßt
dich, wenn du gehst.«

Die Äußerungen des Kaplans könnten sich am Anfang und
am Ende auf verschiedene Modalitäten der Gründe beziehen
und würden dann den Anschein logischer Folgerichtigkeit
erwecken. Für Josef K. sind sie aber zusätzlich mit Vorschriften für die richtige Auffassung verknüpft – das ist eine weitere
Funktion von Mahnungen wie »Laß das Nebensächliche«,
»Übernimm nicht die fremde Meinung ungeprüft« –, durch
die die Gründe für ihn eine labyrinthische Undurchdringlich-
keit bekommen. Die mentale Beziehung des double bind
spiegelt sich im Geist als logische Ausweglosigkeit.

Wie Josef K. allmählich die Orientierung verliert, läßt sich
an seinem Verhalten vom Eintritt in den Dom bis zu seiner
Entlassung (und später beim Gang zur Hinrichtung) ablesen.
Zunächst ist er voll Willkür, als er angerufen wird; auf der
Ebene seiner Erfahrungen mit dem Prozeß ist sein auswei-
chendes Gebaren zugleich als Mißtrauen zu verstehen. Er will
sich auf den Anruf hin nicht umdrehen: »Vorläufig war er
noch frei . . .« Nachdem er sich dem Kaplan äußerlich gefügt
hat, hält er dennoch seine eigenen Ansichten über den Prozeß
aufrecht. Der Zornesausbruch des Kaplans (»Siehst du denn
nicht zwei Schritte weit?«) läßt ihn sogar den Nutzen und
Schaden seiner Auskünfte abwägen. Doch danach verführt
ihn seine rechtfertigende Meinung, den Kaplan als wohlmei-

nend einzuschätzen und eine schlaue Wendung herbeizuführen. Er erhofft sich vom Kaplan einen Rat; ». . . nicht etwa wie der Prozeß zu beeinflussen war, sondern wie man aus dem Prozeß ausbrechen, wie man ihn umgehen, wie man außerhalb des Prozesses leben könnte.«

Er bittet ihn, von der Kanzel herabzukommen und geht, sich tiefer in das Gespräch und in die Gedanken des Kaplans verstrickend, mit ihm durch die Kirche. »Um nicht vollständig auf den Geistlichen angewiesen zu bleiben«, fragt er nach dem Ausgang. Er erfährt, daß sie weit davon entfernt sind. Auf die Gegenfrage des Kaplans, ob er schon fortgehen müsse, erwidert er in unbewußtem Trotz:

»Gewiß, ich muß fortgehen. Ich bin Prokurist einer Bank . . .« Die Unabhängigkeit, die K. mit dieser unvermittelten Erklärung demonstriert, hält seiner Hilfsbedürftigkeit nicht stand. Er kann sich nicht mehr zurechtfinden und erhält den allgemeinen Rat, der seit je dem Sucher im Labyrinth gegeben wird:

»Geh links zur Wand. . . dann weiter die Wand entlang, ohne sie zu verlassen, und du wirst einen Ausgang finden.«

Hilfesuchend beruft er sich auf die frühere Freundlichkeit des Kaplans, wird aber kalt zurückgestuft: »Du mußt doch fortgehen.« Diesem Vorgang korrespondiert die offizielle Rolle des Kaplans als Gefängnisgeistlicher. Die Unterredung mit ihm ist gesetzmäßig die letzte vor einer Hinrichtung, nach ihr kommt nur noch das peinliche Schweigen der Henker – der zwei »ekelhaft reinlichen Herren« bei Josef K.s Ermordung.

Josef K. könnte in der Unterredung den Stand des Prozesses erkennen: »Laß das Nebensächliche« hat auch die Bedeutung, daß nun Wichtigeres, die letzten Dinge, zu besprechen sind. Auch die Frage nach dem Buch: »Was hältst du in der Hand? Ist es ein Gebetbuch?« enthält diesen Hinweis. Josef K. hat ihn in seiner unerklärten Form verstanden und akzeptiert, denn er wirft das unpassende Album der städtischen Sehenswürdigkeiten heftig fort.

Die gesetzmäßig gebilligten Funktionen einer letzten Unterredung, die väterliche Strenge der religiösen Unterweisung und die Tröstung finden sich hier in Proportionen, wie sie für einen verstockten Sünder angemessen erscheinen. Die Strenge ist mehrfach zu spüren – von der Verwerfung der Prozeßanstrengungen K.s bis zu den ständigen Ermahnungen. Die Tröstung dagegen wird knapp und uneigentlich gehalten, sie besteht nur in der Frage: »Was willst du nächstens in deiner Sache tun?«, mit der die vage Hoffnung K.s, es gäbe noch etwas zu tun, geschürt wird.

In der Attitüde der mühsam gegen die eigene menschliche Anteilnahme verteidigten Pflicht: »Jetzt kann ich schon kommen . . . Ich mußte zuerst aus der Entfernung mit dir sprechen. Ich lasse mich sonst zu leicht beeinflussen und vergesse meinen Dienst« erweckt der Kaplan jenes Vertrauen, das traditionell nach väterlichen Züchtigungen erzeugt wird, um rebellischen Gesinnungen vorzubeugen. Josef K. hat Vertrauen gefaßt, das ihn nun bis zu seinem Tod nicht mehr verläßt.

2. Die Ebene der logischen Verstrickung

K. wird vorgeworfen, er suche zuviel fremde Hilfe, besonders bei Frauen. Welchen Zweck kann die Denunziation der Frauen in diesem Stadium haben? Vorhaltungen haben in geistlichen Ermahnungen einen festen Platz und fallen deshalb nicht besonders auf. Im Fall Josef K.s erscheint jedoch die Hilfsuche dem Gericht offensichtlich als Störung. Dies ungeachtet des Umstandes, daß die meisten Frauen im »Prozeß« als Gerichtshelferinnen auftreten. K. ist damit noch zu lebendig, er wehrt sich zu viel; es besteht die Gefahr, daß er im letzten Moment dem Prozeß entspringt oder einen Skandal aufrührt. Deshalb sind die Vorwürfe des Kaplans zweckhaft. Sie suggerieren K. eine Welt amtlicher Fürsorge, in der der Zorn des Geistlichen nur verzweifelndes Mitgefühl bedeuten kann.

Nachdem der Kaplan ihn durch die Parabel gefesselt hat

und von seinem eigenen Vorhaben und von sich selbst abge-
lenkt hat, entzieht er ihm den festen Halt und den Bezug zum
Anfang der Geschichte, indem er K. auf die Autorität der
»Schrift« verweist. Dabei kommt er jedem Einwand zuvor,
indem er die logischen Widersprüche der Parabel als deren
Grundlage, als Dogma ausgibt und K.s Versuchen, die Para-
bel zu deuten, eine offizielle Exegese entgegensetzt: »Die
Erklärer sagen hiezu: . . .«

Das vom Kaplan inszenierte Vexierspiel täuscht K. und
fesselt ihn. Während er glaubt, Auskünfte über seinen Prozeß
zu erhalten, wird er von ihm abgelenkt. Indem er in der Parabel einen Sinn sucht, verliert er den Sinn für den Stand seines
Verfahrens, für die Gefahr, die ihm droht. Er wird an der
Parabel logisch abgemattet und verstrickt sich in das ihm
fremde Gedankensystem; er wird in seinen gedanklichen Lei-
stungen der Prozeßbehörde unterworfen, weil er sich in ihren
Gedanken-Gängen auskennen möchte. Mehr noch: durch die
Wiederholungen der exegetischen Betrachtungen übernimmt
er das Beziehungsschema der Abhängigkeit aus der Parabel –
ein letzter Protest seiner Vernunft erlischt ihm: »›Trübselige
Meinung‹ . . . ›Die Lüge wird zur Weltordnung gemacht.‹ K.
sagte das abschließend, aber sein Endurteil war es nicht.«

Die Parabel und ihre Exegese sind ein mikrologisches Gefüge, das zur Verblendung K.s beiträgt: sie sind zugleich
Bauteil der Beziehungsfalle und Spiegelbild des Ergebnisses
für das Opfer. Mit seiner Erzählung verschafft der Kaplan
seinem Wort »das Urteil kommt nicht mit einemmal, das Verfahren geht allmählich ins Urteil über« praktische Wahrheit
durch die Ermattung des Opfers. Er präpariert K. zur ruhi-
gen Hinnahme des weiteren Geschehens, in welchem sich das
Urteil zur Vernichtung auswächst. Der Satz »Man muß nicht
alles . . . für wahr halten, man muß es nur für notwendig
halten« ist die Apologetik eines Verfahrens, das das Urteil
ausspart, indem es den Mord einsetzt. So funktioniert auch
die Maschine in der »Strafkolonie«.

Keine religiöse Interpretation kann diesen Sachverhalt abschwächen, dessen geschichtliche Realität wenige Jahre nach Kafkas Tod im Dritten Reich die Möglichkeiten harmloser Deutungen zerschlagen hat. Der letzte Impuls, im Denken die Welt »anzuhalten«, ist, im Sinne Adornos, der Ernstfall der Logik.

»Die Logik ist zwar unerschütterlich, aber einem Menschen, der leben will, widersteht sie nicht.« – Für Josef K. widersteht die Logik des Systems seinen Anstrengungen, weil ihm der Lebenswille entzogen worden ist, nachdem er sich auf den Kaplan eingelassen hat. Damit ist die Rolle des kirchlichen Beistands im »Prozeß« umrissen als Praxis der Ablenkung und des Willfährigmachens.

Von der Parabel und ihrer Exegese geht der Schein einer Bedeutsamkeit, der Anschein eines verborgenen Sinnes aus, der zu ihrer Entzifferung auffordert. Sie auszuführen fehlen jedoch alle weiteren Hilfen, deren wichtigste eine reiche Konnotation ihres Inhalts im Kontext wäre.

Damit steht die Erzählung der Parabel als isolierter Vorgang neben anderen, ebenso isolierten Ereignissen des Romans.

Sie führen eine Bedeutsamkeit mit sich, die keine Entsprechung in den Themen hat. Diese Bedeutsamkeit wäre nur durch eine Struktur von Anspielungen und Verweisen zu artikulieren, die aber dem Roman fehlt – so ist sie Ausdruck einer intellektuellen Dürre, begleitet von einer Hypertrophie an Sinn.

Der logische Stil der Gestalten im »Prozeß« weist Stereotypien auf, deutlich vor allem in den wechselnden Ansichten zum Gericht in den monologischen Ausführungen des Kaplans, Josef K.s, des Anwalts, des Malers Titorelli – bei dem der Schein der fortschreitenden Rede nachdrücklich durch die Sequenz der immer gleichen Bilder aufgehoben wird.

Die Ansichten kulminieren in der gesteigerten Bestätigung einer Meinung, die wesentlich der Selbstdarstellung des Sprechers dient; für weitere Handlungen entscheidet sie nichts.

Die Stereotypien verkörpern den Zwang zu dieser Art des Diskurses – sie sind zwingender Leerlauf, der in wechselndem Widerhall den ganzen Text durchzieht und die lineare Abfolge seiner Episoden durch Resonanz zur Romanstruktur verbindet[4].

Von dieser Resonanz geht der Zwang aus, mit dem der Leser einbezogen wird. Es ist eine der gestalteten, gültigen Formen des Wiederholungszwanges, hinter dem Freud den Todestrieb erkannte. Als festgehaltene Form der mentalen Tautologie, des immerwährenden Zwanges zur Selbstbestätigung, auf dem Macht aufgebaut ist, ist die Stereotypie bei Kafka ein Indiz der zwanghaften Verfassung der Gesellschaft.

Das Gericht verfolgt Verfehlungen ohne einen öffentlichen Ankläger – vielleicht auf bloße Verleumdungen hin – oder, nach dem allgemeinen Glauben, weil es von der Schuld »angezogen wird«. Aber nach den letzten Formulierungen durch den Kaplan nimmt das Gericht den Schuldigen nur auf, wenn er kommt, und entläßt ihn, wenn er geht. Es zeigen sich in der Auffassung der Gerichtsakte widersprüchliche Beschreibungen als miteinander verträglich, weil sie keine Konsequenzen bei den Betroffenen auslösen.

Ein Denken, das keine Konsequenzen aus widersprüchlichen oder disparaten Attributen zieht, die es für den gleichen Gegenstand findet, kann entweder sehr viel weiter, freier sein (über die ›Erleuchtungen‹ des Zen-Buddhismus hinaus), oder es ist noch kindlich, bzw. sekundär verarmt. Es spricht vieles dafür, daß letzteres für das Denken im »Prozeß« zutrifft, daß dieses Denken besonders in allen Beziehungen zum Gericht restriktiv vereinfacht ist.

Im Umkreis des Gerichts ist das Denken auf einer niedrigen Stufe zum Stillstand gekommen, das Gedächtnis ist dort weitgehend durch die Gerichtsakten ersetzt. In allen Erzählungen vom Gericht werden frühere Fälle nur vage oder märchenhaft erinnert. Die Gerichtsbeamten bearbeiten immer nur einen eng begrenzten Ausschnitt eines Falles, die Arbeit der Advokaten wird zur Makulatur, wenn der Fall in ein neues Stadium kommt, etc. Für Kleinigkeiten gibt es Vorschriften und eine Fülle geheimer Regeln. Der Maler Titorelli hat die Regeln für Richterporträts aus den Aufzeichnungen seines Vaters übernommen, und darüber hinaus hat er – was er als Sicherung seiner Stellung bei Gericht betrachtet – eine Vielzahl von Regeln im Kopf. Angesichts der einheitlichen, dunklen Visagen an den Wänden, die alle wie die alten, großen Richter gemalt sind, gibt es nichts zu verbergen. Nichts an Kunst. Die immer gleichen Heidelandschaften, die Titorelli mit jeweils neuem Kommentar unter dem Bett hervorzieht und K. aufzwingt, sind dazu ein Pendant; sie zeigen, daß auch der Blick auf die Außenwelt den gleichen Stereotypien der Wahrnehmung unterliegt.

Unter diesem Aspekt sind die bewundernden Berichte des Malers oder des Anwalts über das Funktionieren des Gerichts, über die Zahl seiner Abteilungen und über die außerordentlichen Kenntnisse, die zur Arbeit am Gericht nötig sind, weniger für das Gericht bezeichnend, als vielmehr für ein Denken, das gedrillt ist, organisatorischen Leerlauf zu deuten.

Diesem Denken gegenüber ist das Denken K.s komplizierter, wie sich nach Titorellis Ausführungen an seiner Beschämung angesichts der Unmöglichkeit eines wirklichen Freispruchs zeigt. Der dumpfen Logik seiner Wächter bei der Verhaftung: »Sieh, Willem, er gibt zu, er kenne das Gesetz nicht, und behauptet gleichzeitig, schuldlos zu sein« kann er nichts entgegensetzen.

Wenn aus unerkennbaren Gründen verhaftet, nach unbekannten Gesetzen verurteilt wird, dann ist das restriktive Verhalten der Betroffenen erklärlich, da es keine andere Möglichkeit gibt, sich vorzusehen, als alles zu unterlassen, was auch von allen anderen unterlassen wird. So wird die Existenz auf wenige, allen gemeinsame Verhaltensweisen beschränkt, der Gebrauch und die Produktion der selteneren Gegenstände wird aufgegeben. Wo das Gericht nicht, wie im eigenen Umkreis, strenge Verfügungen gegen Innovationen oder auch bloße Restaurierungen verhängt hat (Anwaltskammer), bewirkt schon das gezwungene Verhalten eine weitgehende Tabuisierung vieler Handlungsweisen und Objekte.

Die Folge dieser Verarmung im Verhalten und im Gegenstandsbereich ist eine Verlagerung des Sinnes, der Bedeutungen der verlorenen Objekte und Ausdrucksmöglichkeiten auf die geringe Zahl der verbleibenden zulässigen Gelegenheiten. Damit sind diese mit Sinngebungen und Bedeutungen so überbelegt, daß daraus eine Umsetzung zu deren bloßer Quantität, zur Bedeutsamkeit, erfolgt, mit einem Einschlag von Gefährlichkeit für alle, die sich gegen diese Art von logischer und mentaler Verarmung kritisch richten.

Es ist der blinde Zwang der Konventionen, der bei der geringsten Abweichung vom ›Üblichen‹ zur Peinlichkeit gereicht. (»Ich darf mich doch setzen?‹ . . . ›Es ist nicht üblich‹, antwortete der Aufseher.«)

Das Unmaß dessen, was in der kleinbürgerlichen Welt als peinlich gilt, ist auf den Verlust der adäquaten Objekte und Handlungen zurückzuführen, der durch das Absinken der Begriffe und Sitten der Oberschicht in die gegenstandsärmere Unterschicht und durch eine Entwicklung der Gesellschaft unter repressiven Mechanismen zustande kommt.

Im verfestigten Zustand des ›Üblichen‹ wird die Suche nach adäquaten Objekten und Verfahren als störend oder als Überheblichkeit geahndet.

Die Empfindung des Peinlichen befällt K. nach seiner Verhaftung in allen Beziehungen, die nicht zur Gerichtssphäre gehören. Mit Fräulein Bürstner, mit Fräulein Freitag, selbst mit der vertrauten Frau Grubach und mit dem Onkel läuft K. Gefahr, ›sein Gesicht zu verlieren‹ – aber dort kann er es noch wahren (teilweise erst durch Blamage: bei Frl. Bürstner, bei Frau Grubach; die Möglichkeit, sich zu blamieren, signalisiert das Vorhandensein des ›Gesichts‹). Seine abschließenden Überlegungen am Ende des Tages (nach der erotischen Begegnung mit Frl. Bürstner) spiegeln diesen Erfolg. Er »wunderte sich aber, daß er nicht noch zufriedener war«.

Im Gegensatz zu seiner Empfänglichkeit für peinliche Situationen in den bürgerlichen Beziehungen, in die er selber als Vorgesetzter andere bringt, ist er als Angeklagter der Peinlichkeit enthoben. (Andere, auch die Leser können sie für ihn empfinden – wie »In der Strafkolonie« die Gier des Verurteilten auf den Reisbrei unmittelbar vor seiner Exekution.) Peinlichkeit gibt es genug – nur der Bedrohte empfindet sie nicht.

In Beziehung zum Gericht verhält sich K. provokativ, als wollte er im Aufführen peinlicher Situationen (im Verhör, mit Leni vor dem Anwalt und dem Onkel) einen Grund für seinen Prozeß liefern. Vor Gericht aber läßt die Gegnerschaft das Peinliche, das sich sonst aus der Zugehörigkeit zur Gesellschaft ergibt, gar nicht zu. (Daß auch hier eine Norm des Üblichen gilt, belegen die Mahnungen des Anwalts, bei Gericht nicht durch Neuerungen zu provozieren, und die strafenden Worte des Kaplans über K.s Verhältnis zu Frauen.)

Auch in den Erörterungen anderer zum Wesen des Gerichts und des Prozesses werden einzelne Aspekte eines und desselben dürftigen Umstands aufgebauscht und hin- und hergewendet, bis sie bedeutend mehr Facettierungen und Unterschiede in der Sache hervorgebracht haben, als an relevanten Eigenschaften in ihr zu finden sind.

Es entsteht eine Fallsammlung apokrypher, nicht anerkannter Fälle, eine Fülle von Leerformeln, die sich wie die Mythen ordnen lassen, ohne jedoch aufeinander zu verweisen. So sind sie alle nur noch als Symbole vorhanden, die einander zum Verwechseln ähnlich sind oder in nicht assoziierbarer Unähnlichkeit isoliert bleiben; ihre Produktion scheint das einzige Geschäft des Gerichts zu sein.

Die geistige Landschaft des »Prozesses« läßt sich als Zerfall von sozialen Beziehungen zu Aktenbündeln und leeren Symbolen begreifen, die die bestehenden Beziehungen normieren: alle Angeklagten sind ›schön‹ (nur K. wird einmal als häßlich bezeichnet, von den Mädchen bei Titorelli), alle kümmern sich um ihren Prozeß, keiner versteht einen der Gesetzestexte, die sie ständig lesen.

Nur in den sonderbaren Kontrastführungen der Reden (Titorelli, Advokat) leuchtet die Spur einer anderen und reicher gestalteten Zeit noch nach. An ihnen wie an dem ungeheuren Leerlauf, zu dem sie beitragen, läßt sich auch ein schlichter oder schäbiger Zweck der massenhaften Symbolerzeugung erkennen: das Auffüllen des Vakuums, das der im Reichtum an gegliederten, kontrast- und variationsreichen Denkobjekten gebildete Geist in seiner Verarmung und Behinderung erzeugt.

Das geistige Vakuum bildet einen Sog, eine Suche nach Kommunikationsmitteln und zuletzt eine Suche nach Symbolen, in denen sich die leere Entfaltung mit wahnhaften Bedeutungen auffüllt – wie sie geschichtlich in der Ideologieproduktion und der Verleihung von Verdienstsymbolen für jedermann im Unterschied gegen alle unter totalitären Strukturen zur Praxis wurde, wo die Erzeugung von Medaillen und Abzeichen eine ganze Industrie beschäftigt.

Die Kontrastierung der Reden im »Prozeß« ist das Bild eines ehemals größeren Gehalts von Bedeutungen und logischen Verbindungen in den Diskursen, der nicht mehr gedacht wird, aber durch seine formalen Hülsen den Sinn der Reden zu vertiefen scheint. Darin, daß diese Bedeutungen nicht mehr gedacht werden, aber noch die Formanten der Rede bilden, liegt die logische Täuschung: eine Fülle von Sinn ohne reales und ohne denkbares Objekt. Sie ist im ganzen »Prozeß« bereits vollendet und bezeichnet die intellektuelle Wehrlosigkeit seiner Bewohner.

Neue Objekte sind so schwer zu beschaffen wie andere Richterbilder oder Landschaften. Die normierten, immergleichen Objekte, Verschläge und Wohnungen sind hierarchisch determiniert: die Zuständigkeit ist in allen Zweigen des Gerichts festgelegt – vom Auskunftgeber bis zur Bindung des Klienten an einen Advokaten.

Die Regel schließt die Unveränderlichkeit der Gerichtsverfahren ebenso ein wie die ›Verfehlungen‹ der Angeklagten (manche halten sich heimlich mehrere »Winkeladvokaten«); ihr fügen sich die Betroffenen und entwickeln zur Vermeidung von Abweichungen ein vorbeugendes Schuldbewußtsein, dem sich später die Verfehlung anschließen kann.

Josef K. als privilegierter Vorgesetzter ahnt von der geheimen Regel, die alle anderen Angeklagten befolgen, wenig, ebenso spürt er nicht die Verpflichtung zum verbindlichen Stil älterer Privilegierter, seines Onkels oder des Anwalts Huld. Er denkt in den Zwecken und Möglichkeiten des relativ autonomen Bankbereichs und sieht nach seiner Verhaftung nicht ein, welchen Beschränkungen er in der Auffassung seiner Sache unterliegt und welchen anderen er zu folgen hätte.

Sein eigener Beitrag zur Verstrickung – der im Verhör bei der Verhaftung und in der Kanzlei gezeigte, zunächst spurenhafte, beim zweiten Mal massiv auftrumpfende Übermut, sein Versuch, unter den Zuhörern eine Partei für sich zu gewinnen, und seine Reden über Verbesserungen am Gericht – macht ihn im Austausch zugänglich für Gedanken und Verhaltensweisen der anderen Seite. (So ist seine Vorstellung von einer Eingabe in Form einer erklärenden Biographie eine Kopie der Auffassung der anderen Angeklagten.)

Die Bedeutsamkeit aus der Gerichtssphäre hat auf ihn übergegriffen und seine geringe Klarheit in den Zustand geistiger Erschöpfung verwandelt, der ihm nicht einmal mehr die notwendigsten Auskünfte im Berufsleben erlaubt. Der Kaplan, der ihn mit der Parabel beschäftigt, hatte keinen geistigen Widerstand zu umgehen, sondern konnte über K. wie über ein Kind bestimmen: »Ich habe dich hierher rufen lassen.«

Nach der logischen Klippe der Parabel, mit dem double bind-Schema der zunächst angekündigten und dann entzogenen Täuschung des Mannes vom Lande, schließt der Kaplan nun auch die äußere Falle seiner Nicht-Beziehung zu K.: »Ich gehöre also zum Gericht«, . . . »Warum sollte ich also etwas von dir wollen. Das Gericht will nichts von dir. Es nimmt dich auf, wenn du kommst und es entläßt dich, wenn du gehst.«

Die Verstrickung in die Parabel und in die widersprüchlichen Äußerungen des Kaplans verfehlt ihre Wirkung nicht: K. kennt seinen Ort nicht mehr, weder geistig noch räumlich noch in der Zeit, die er in seinem übereilten Aufbruch aus dem Dom stockend skandiert.

Unmittelbar vor seiner Ermordung wirft K. die Fesseln dieses Denkens ab; er kommt zu zwei Einsichten, die große Kraft und Klarheit haben. Die erste Einsicht ist seine Weigerung, sich das Messer selbst ins Herz zu stoßen, den Schindern die Arbeit abzunehmen, den falschen Zusammenhang rechtfertigend zu vollziehen. Der eindringliche Ernst dieses Gedankens ist in der Praxis der Massenliquidierungen in Kafkas Zeitalter belegt; wo die Opfer sich noch lebend zum Berg türmen, den Henkern die Arbeit abnehmend.

Die zweite Einsicht enthält eine Aufforderung: die Logik, die formal oder als vermeintlicher Sachzwang besteht, neu zu denken. – Sie ist zwar unerschütterlich, aber nicht anders, als die Schrift unveränderlich ist: sie wird dem Menschen, der leben will, nicht widerstehen, wenn er weiter denkend ihren Geltungsbereich verläßt.

3. Die Ebene der Täuschung im Symbol

Die Überladung der wenigen frei verfügbaren Gegenstände und Beziehungen im Dunstkreis des Gerichts mit Sinn, mit Benennungen, ergibt eine Komprimierung der Bedeutungen an einem Symbol, das stellvertretend für eine Reihe vergleichbarer Phänomene als Paradigma fungiert.

Die begriffliche Nähe zwischen ›Gericht‹ und ›Gesetz‹ verleitet K. zu der Annahme, die Parabel spiegele auf eine verschlüsselte Weise seinen Prozeß wider, und durch ihre Lösung wäre auch sein Prozeß abzuschließen. Was sie lediglich spiegelt, ist die Täuschung, die K. im Falle des Mannes vom Lande zu durchschauen sucht, der er aber selbst erliegt: Indem ihn der Kaplan auf die Fährte der fremden Täuschung schickt und diese ihm dann entzieht, täuscht er K.

Darüber hinaus hat die Parabel keine zwingende Affinität zu K.s Prozeß, sie ist ein ihm untergeschobenes Symbol, das ihn im Gegenteil von sich selbst und von seinem Prozeß ablenkt. Nur der direkte Vergleich der Beziehung Türhüter – Mann vom Lande / Kaplan – Josef K. ist einleuchtend, allerdings nicht für K.

Der Türhüter verwendet die gleichen Bindungsmechanismen wie der Kaplan, nur weniger subtil: die archaische Grobheit der Parabel soll ihr allgemeine Geltung sichern. »Wenn es dich so lockt, versuche es doch, trotz meinem Verbot hineinzugehen. Merke aber: Ich bin mächtig. Und ich bin nur der unterste Türhüter. . . .« Dieser ›Spaß‹ ist Einladung und Drohung in einem. Wie die Aufforderungen des Zen-Meisters mit dem erhobenen Stock oder die widersprüchlichen Botschaften der Mutter, die ihr Kind zu sich ruft in einem feindlichen Ton.

Wenn auch die wörtliche Einladung des Türhüters zunächst nur die Form einer Drohung zu haben scheint, hat sie doch eine Grundlage in der Situation, durch die sie auch wirkliche Einladung ist: in der Verlockung der offenen Tür, in der Sehnsucht des Mannes, einzutreten.

In diesem Kontext ist schon der erste Satz des Türhüters, er könne ihm *jetzt* den Eintritt nicht gewähren, eine Falle.

Er hält den Mann mit dem Verbot und gleichzeitig in der Hoffnung fest. Der Mann hatte nicht vor, wegzugehen, für ihn ergibt sich nur die Wahl, einzutreten oder abzuwarten. Beim Anblick des Türhüters entschließt er sich fürs Warten. Später kann er nicht mehr weggehen, er hat sich schon zu viel auf das Warten, auf den Türhüter eingelassen. Er ist von dem Türhüter fasziniert, gebannt, er vergißt die andern Türhüter, und nur dieser scheint ihm das Hindernis, allerdings schon unüberwindlich.

Der Türhüter bannt ihn, indem er mit ihm in der Manier »großer Herren« kleine Verhöre anstellt, die aber nichts für sein Weiterkommen zu bedeuten haben, nur für sein Bleiben, wie die Reden des Kaplans zu Josef K. Der Türhüter braucht die Anwesenheit des Mannes, nur mit ihm hat er eine Aufgabe.

Die Gegenseitigkeit der Zwänge in der ›Beziehungsfalle‹ beinhaltet keine Gleichberechtigung, sondern begründet ein parasitäres Verhältnis des ›Vorgesetzten‹, der Behörde zum Individuum. Die Notwendigkeiten für den Türhüter sind als parasitäre Anpassungszwänge an die Gelegenheit des Opfers funktional, wogegen die Zwänge für den Mann vom Lande erst aus der Situation resultieren – als »unglücklicher Zufall« – und keinen primären Nutzen für ihn haben.

Sie schaden ihm »tausendfach«, wie sich K. über die angebliche Täuschung des Türhüters äußert: »Es ist unentscheidend, ob der Türhüter klar sieht oder getäuscht wird. Ich sagte, der Mann wird getäuscht. Wenn der Türhüter klar sieht, könnte man daran zweifeln, wenn der Türhüter aber getäuscht ist, dann muß sich seine Täuschung notwendig auf den Mann übertragen. Der Türhüter ist dann zwar kein Betrüger, aber so einfältig, daß er sofort aus dem Dienst gejagt werden müßte.«

Für den Kaplan ergibt sich daraus nur die Notwendigkeit, das Urteil K.s über den Türhüter zurückzuweisen. Die Frage nach der Täuschung, die er induziert hat, hat für ihn nicht die wesentliche Bedeutung, wie die Frage nach der Kompetenz der Hierarchie, nach der Macht, die jetzt K. durch seine Selbständigkeit zu bedrohen scheint: »›Hier stößt du auf eine Gegenmeinung‹ . . . ›Manche sagen nämlich, daß die Geschichte niemandem ein Recht gibt, über den Türhüter zu urteilen. Wie er uns auch erscheinen mag, ist er doch ein Diener des Gesetzes, also zum Gesetz gehörig, also dem menschlichen Urteil entrückt. Man darf dann auch nicht glauben, daß der Türhüter dem Manne untergeordnet ist. Durch seinen Dienst auch nur an den Eingang des Gesetzes gebunden zu sein, ist unvergleichlich mehr, als frei in der Welt zu leben. . . .‹«

Die deutliche Emphase dieser Erklärung läßt erkennen,

daß der Kaplan sich mit der Meinung diesmal identifiziert.

Die direkte Frage nach dem Machtverhältnis und K.s Auffassung von der Unterlegenheit des Türhüters kann der Kaplan nicht gelten lassen. Er kann nicht zulassen, daß K., der
vor ihm in der Rolle des Bittgängers steht – wie der Mann vom
Lande vor dem Türhüter – sich erinnert, daß er selbst ein
›Vorgesetzter‹ ist und sich psychisch unabhängig macht.

Die Rolle der Symbolsetzung scheint unter dem Aspekt der
Beeindruckung Josef K.s der mentalen Ebene zuzugehören,
unter dem der Aussage der logischen Ebene. Sie ist jedoch
eine unabhängige Beziehungsart, die dem Bedürfnis nach Ab-
schluß der Konflikte einen Ausdruck verschafft. In diesem
Bedürfnis wird ein bestimmter Charakter, ein Status ergriffen, der den Stand des Subjekts angesichts der Lösung seiner
Probleme bezeichnet – einen Stand, in dem das Individuum
sich als Subjekt behaupten kann.

Die Wahl der Symbole kann zum Größenwahn oder zur
Verzweiflung gereichen. Im »Prozeß« werden K. die düsteren
Embleme seiner Situation vorgeführt und durch die Lage, in
der er sich als Ratsuchender befindet, aufgenötigt. Die
schlimmsten Symbole, in denen sich die Gewalt unmittelbar
ausdrückt, kann er ablehnen: er hat keinen Anteil am Prügeln
der Wächter und er hat keine Sympathie für die Erniedrigung
des Kaufmanns Block durch den Anwalt.

Dagegen kann er sich dem Eindruck des Auf-der-Stelle-
Tretens, das er in den vollkommen gleichen Heidebildern
des Malers Titorelli festgehalten sieht, nicht entziehen. Er
kauft die Bilder und mit ihnen übernimmt er ihren Symbol-
gehalt, obwohl er den gleichen Charakter in Gestalt der
»scheinbaren Freisprechung« und der »Verschleppung« in
den Ausführungen des Malers zuvor durchschaut und abgelehnt hatte.

Schärfer ist die Nötigung in der Veranstaltung des Kaplans. Was er aus der Parabel übernimmt, ist ihr allgemein
gültiger Charakter eines Vergleichs; die Täuschung im Sym-

bol, das die Parabel für ihn abgibt, geschieht als Schilderung eines Falles, der dem K.s ähnlich sieht. Sie vollzieht sich in dem Maße, wie die Parabel durch die absprechenden Behauptungen des Kaplans K. streitig gemacht wird und dadurch seine Bereitschaft, die Parabel auf sich zu beziehen, steigert.

Die Bedeutungen, die sie mit sich führt – ›Jedermann strebt zum Gesetz‹ und ›Das Tor zum Gesetz steht immer offen‹ nimmt K. auf. Die Unmöglichkeit, einzutreten und das Gesetz zu erreichen setzt sich durch das Gewicht, das er diesem Symbol zuschreibt, in den Koordinaten seiner Logik, der Dienstbarmachung der Zeichen, ebenfalls fest.

Damit funktioniert die Parabel in zweierlei Weise: als Symbol der Versperrung und als »Lehre vom Einverständnis«. Sie suggeriert eine Ausweglosigkeit, die K. zunehmend einleuchtet.

Einige Bestandteile der Parabel übernimmt Josef K. nicht, obwohl sie ihm vom Kaplan in der Exegese mehrfach nahegebracht werden. Trotz der logischen Fallen immer absoluterer Auslegungen, die ihm der Kaplan entgegenhält (». . . man muß nicht alles für wahr halten, man muß es nur für notwendig halten.«), greift er das Motiv der Furcht vor dem Türhüter und den höheren Graden nicht auf. Wie er an der Gewalt keinen Anteil hat, so widersteht er auch der Angst und Unterwerfung in der Hierarchie.

K. ist unzweifelhaft konventionell und der Peinlichkeit hörig – aber die schon zur Geselligkeit gehörende Feigheit teilt er nicht, weil er keine Genugtuung an eigener Gewalt hat noch Anteil an fremder nimmt. (In seinem Verhalten gegenüber Frl. Bürstner am Abend nach seiner Verhaftung ist K. möglicherweise affiziert von der Gewaltsamkeit der Behörde, ihres Eindringens in die privaten Zimmer, doch hat sein Verhalten zugleich schwindelhaften Charakter, als habe er aufgrund seiner Verhaftung Narrenfreiheit.)

Eine Tagebucheintragung von Kafka, acht Jahre nach dem »Prozeß« notiert, liest sich wie ein nachträglicher Kommen-

tar zum Schicksal Josef K.s.: »M. hat recht: Die Furcht ist das
Unglück, deshalb aber ist nicht Mut das Glück, sondern
Furchtlosigkeit, nicht Mut, der vielleicht mehr will als die
Kraft (in meiner Klasse waren wohl nur zwei Juden, die Mut
hatten, und beide haben sich noch während des Gymnasiums
oder kurz darauf erschossen), also nicht Mut, sondern Furchtlosigkeit, ruhende, offen blickende, alles ertragende.«

Es ist schwer zu entscheiden, ob K. furchtlos oder mutig ist –
im Laufe des Prozesses zeigt er mehrfach Mut: als Spötter
seiner Verhörer, als Feind seines Vorgesetzten.

Am Ende ist er von Müdigkeit geschlagen und furchtlos bis
zum letzten Gedanken.

Die drei Ebenen der Täuschung, die mentale, die logische und
die der Symbolsetzung, differenzieren das Schema des ›double
bind‹, das als Kurzformel für die Genese zwanghafter und
wahnhafter Beziehungen gelten kann, allein für das Werk
Kafkas zu einfach ist. Erst durch Interferenz der Ebenen entstehen abgedichtete Beziehungsfallen, die auch in Kafkas
labyrinthischen Entwürfen anzutreffen sind.[5] Darüber hinaus lassen sie sich in ihrer gesellschaftlichen Zwanghaftigkeit
als Prognosen geschichtlicher Entwicklung lesen.

IV. Das entstellte Begehren

Am Gespräch Josef K.s mit dem Gefängniskaplan konnte gezeigt werden:

1. Auf die mentale Ebene bezieht sich vor allem die Art
und Weise der Interaktion wie der Wechsel des Tonfalls und
der persönlichen Distanz. Als unmittelbare Folgen der Enttäuschung und Verwirrung erscheinen hier Aktivitätseinbu-
ße, räumliche Desorientierung und körperliche Schwäche
Josef K.s.

2. Die logische Verstrickung, die sich hinter dem Anschein
überraschender Wendungen in der Sachlage und ihrer Auf-

fassung verbirgt, ist in der charakteristischen Form der Erklärungen und Erörterungen des Prozesses bereits vollzogen.
Nur gelegentlich wird sie durch den Widerspruch K.s gestört,
der auf einer Meinung beharrt, um seine Vernünftigkeit zu
behalten; aber auch er beteiligt sich an der Vermehrung leerer Bedeutsamkeit, die alle logischen Entwicklungen in den
Entschlüssen und Begründungen wahnhaft überzieht und in
der Täuschung über den Rang ihrer Glieder in die Irre
führt.

3. Josef K. wählt bestimmte Sachverhalte als Symbole, aus
denen er seinen persönlichen Mythos zusammenstellt. Nach
dem Maß von Bedrohlichkeit oder Harmonie seiner Umwelt
geraten seine Symbole zum abgestuften Ausdruck von Zufrie-
denheit oder Verzweiflung. Die Setzung der Symbole ist im
Hinblick auf die Lösungsmöglichkeiten, die in seiner Realität
bestehen, eine Täuschung.

Im »Prozeß« werden die von außen gesetzten Symbole
(Prügler, Titorellis Landschaften, Parabel) von Josef K. als
Embleme der Ausweglosigkeit aufgegriffen, die er in sein per-
sönliches System aufnimmt und mit denen er scheitern
muß.

Neben der Schicht des Sozialen, der Intersubjektivität, ist
noch die Situation ›monadischen Agierens‹ der Gestalten für
die Struktur des Romans relevant. Dieses ›fensterlose‹ Dasein,
das individuell ist und sich selbst in den Zweier-Beziehungen
nicht objektiv, sondern projektiv äußert, weist bei Kafkas Gestalten einen einheitlichen Zug auf, der als Prinzip ihrer
Verwandlung in Opfer gelten kann. Es ist eine spezifische Art
des Begehrens, das bei Kafka fast ausnahmslos durch einen
›niedrigeren‹ Ersatz befriedigt werden muß und dadurch,
wenn nicht entwertet, entstellt wird.

In dem entsprechenden *display* des Gefängniskaplans
wurde die Parabel herangezogen, um auch auf der Ebene
ihrer Symbole die initiale Verstrickung K.s zu vollziehen. Neben dem programmatischen Bestand an verbindlichen Sym-

bolen, die der Belehrung, d. h. der Manipulation des Zuhörers dienen, hat die Parabel auch äußerlich, als Ganzes, die Bedeutung eines Symbols: sie ist zugleich Emblem für den Modus der Beziehung, in der der Manipulierte schließlich so weit ›außer sich agiert‹, daß er fremde Metaphern wörtlich nimmt und an die Stelle seiner Erfahrungen setzt. Die einzelnen Ebenen der Täuschung, die in der Rahmensituation des Gespräches zwischen Josef K. und dem Kaplan hervortreten, können auch außerhalb der Parabel festgestellt werden. Vor allem die mentale und die logische Täuschung kommen in der gerafften Form der Parabel deutlich zum Vorschein: die affektive und gedankliche Verwirrung des Mannes vom Lande, seine zunehmende Lähmung und schließlich die Bindung an den Vorraum zum Gesetz durch das widerspruchsvolle Verhalten und die verweigernden und zugleich drohenden Aussagen des Türhüters.

Um den Vergleich zwischen der double bind-Situation in der Parabel und der ausgeführten Beziehungsfalle in der Begegnung zwischen Josef K. und dem Kaplan komplett zu gestalten, muß noch nach der dritten, symbolischen Täuschung gesucht werden.

Mit anderen Worten: welches Symbol innerhalb des Symbols – der Parabel – wird erzeugt, um wiederum den Mann vom Lande zu täuschen?

Das verstrickende, trügerische Symbol muß in der Rede des Türhüters gesucht werden, da es nicht um den symbolhaften Wert des Gesetzes selbst geht, vor dessen Hintergrund sich die Begegnung zwischen dem Mann vom Lande und dem Türhüter abspielt. Das Gesetz ist hier die Grundlage der Beziehung, wie der (unter anderen Aspekten auch symbolhafte) Prozeß für die Beziehung zwischen Josef K. und dem Gefängniskaplan.

Das Gesetz ist gegeben – wenn auch der Mann vom Lande nichts Näheres darüber weiß, außer daß alle danach streben.

Der Türhüter erzählt keine Geschichte, die den Mann vom

Lande fesseln und ablenken könnte, dafür läßt die Parabel keinen Raum. In seiner Wortkargheit wirkt schon der ›Spaß‹ der Einladung: »Wenn es dich so lockt, versuche es doch, trotz meinem Verbot hineinzugehen. Merke aber: Ich bin mächtig. Und ich bin nur der unterste Türhüter. . . .« wie eine seltsam persönliche Mitteilung. Sie leitet die einzig ausführliche Auskunft ein, die der Türhüter über das Innere jenseits des Tores gibt: »Von Saal zu Saal stehen aber Türhüter, einer mächtiger als der andere. Schon den Anblick des dritten kann nicht einmal ich mehr vertragen.«

Die endlosen Türen und immer schrecklicheren Türhüter werden in seiner Rede zur Fama, zum Gerücht – von dem dritten Türhüter an ist alles unbestimmt, nie gesehen. Das Gesetz selbst wird nie erwähnt.

Das Gerücht sichert in dem mangelhaften Wissen des Türhüters die Kontinuität des Schreckens, der sich jenseits des Erfahrbaren ins Unermeßliche steigert und nicht nur den unerfahrenen Zuhörer, den Mann vom Lande, affiziert, sondern vor allem den Türhüter selbst. Mit der Vorstellung der endlosen Gänge, der sich immer wiederholenden Türen, mit der Ahnung der unendlichen Mühe, sie zu überwinden – wo nur die wachsende Schrecklichkeit der Türhüter das Fortschreiten markiert, aber kein Ende – schafft der Türhüter einen Mythos.

Dieser Mythos – von der Unerreichbarkeit des Gesetzes – ist das verführerische Symbol, das dem Mann vom Lande sein Begehren in seiner quälenden Ausschließlichkeit bewußt macht und ihm gleichzeitig mit der Hoffnung die Energie entzieht, es zu verwirklichen.

Ein präsumptiver Sisyphos – nur tritt er nicht ein. Er wird nie die anderen Türhüter erblicken, nie die Kraft aufbringen, sich zu überzeugen, wie schrecklich sie sind – oder harmlos – oder nicht existent.

So ist er dem ersten, dem einzigen Türhüter, der für ihn gleichzeitig alle Türhüter in der Summe ihrer Schrecklichkeit verkörpert, sicher.

51

– »Aber da du nun einmal hier bist, will ich dich genießen.«
– Das sind Worte eines anderen »Türhüters«, des Oberportiers im Hotel »Occidental«.[6] Der Mann vom Lande wird genossen, aber er genießt auch selbst. Darin ähnelt er weniger Karl Roßmann als vielmehr Robinson, einer anderen Gestalt aus »Amerika«.

Robinson ist die einzige Gestalt in Kafkas Romanen, die ihre Demütigungen, ihre Versklavung reflektiert und aus eigenem Entschluß hinnimmt, weil sie für ihn mit Lustempfindungen verbunden sind, auf die er nicht verzichten möchte.

Er nimmt Mißhandlungen in Kauf, wenn er dabei in Bruneldas Nähe sein darf und ihren Anblick genießen kann (einmal sogar nackt, wie er Karl aufgeregt zuflüstert). Sie ist für ihn ein »prächtiges Weib« und besonders durch ihre gewaltige Fülle attraktiv. »Zum Ablecken war sie. Zum Austrinken war sie.«

In diesem ersten Roman Kafkas, wo Sexualität noch direkt, stellenweise ›ungestüm‹ zum Ausdruck kommt, ohne die Ästhetik der späteren, verhaltenen Sprachbilder – und nirgends ist auch der Ekel vor Sexualität bei Kafka so manifest wie hier –, wird die Situation der Entmündigung, der Selbstaufgabe, die für Kafka eine besondere Faszination hat, explizit in ihrer Nähe zum Genuß, zur Lust dargestellt.

Robinson ist ›aufgeklärter‹, freier als die reduzierten Gestalten des Kaufmanns Block und des Mannes vom Lande, die ihre Versklavung (als »Hund des Advokaten«, als Bittgänger vor den Flöhen des Türhüters) mit dem ›höheren Zweck‹ des Prozesses, des Gesetzes rechtfertigen und kaum noch wahrnehmen.

Sie können aber auch ihr Ziel nicht wahrnehmen, auf das sich ihr Begehren richtet, gesteigert durch die Schwierigkeit, es zu erreichen.

Der Mann vom Lande kennt das, was er begehrt, nicht. Er will ins Gesetz, weil alle danach streben. Er weiß nicht, worauf er sich mit seiner Sehnsucht einläßt.

Das Gesetz bleibt ihm sein Leben lang verborgen hinter dem Mythos des Türhüters, hinter der eigenen Angst. Er weiß nicht, wie es aussieht und er vermißt es auch nicht wirklich, sonst würde er es in dem Provisorium vor der Tür nicht aushalten.

Das Gesetz hat sich ihm nie kenntlich gemacht; der Schein kommt erst am Ende, potenziert – oder erst geschaffen im letzten Aufflackern seiner Sehnsucht, die ihr Licht durch den sinistren Korridor bewachter Öffnungen[7] auf die tote Mauer des Allgemeingültigen wirft und als Illusion privaten Glücks, persönlicher Erlösung zu ihrem Sender zurückkehrt, der in ihr nicht seine eigene Projektion zu erkennen vermag.[8]

Der Mann vom Lande, der sich auf das Zölibat im äußersten Vorraum des allgemein Begehrten einläßt, in latenter Übereinstimmung mit dem Türhüter, dessen körperliche Erscheinung ihn schließlich zum Verbleiben veranlaßt hat, bezieht von da an alle Lust aus seinem Warten:

Er sitzt auf dem Schemel des Türhüters; im Austausch dafür gibt er ihm allmählich alles, womit er sich für seinen Weg ausgerüstet hatte; er wird keinen Weg mehr antreten.

Der Türhüter verschmäht seine Geschenke, er entwertet sie und steckt sie aus ›Gefälligkeit‹ ein: Es gibt kein männlicheres Schauspiel für den Mann vom Lande – bald läßt er sich auch von den Flöhen im Pelz des anderen imponieren.

Hinter der Autorität seiner Funktion, dem Gewicht ihrer Embleme schlägt die überlegene Körperlichkeit des Türhüters durch, die den Mann vom Lande gefangen hält.

Zunächst erschreckend-bedrohlich, wird der ständige, unverrückte Anblick des Türhüters für den Mann vom Lande zur Gewohnheit, zur Notwendigkeit. Er wird durch ihn gelähmt, schließlich beruhigt, fast beglückt: In der Bindung an seinen Quäler kann er endlich das Begehren ausleben[9], das er an der Erwartung des Gesetzes akkumuliert hat.

Dieses Begehren verzerrt er dadurch, daß er es im Genuß verbraucht. Er hat sich wollüstig in seine Bedürfnisse einge-

bettet und begehrt nichts anderes, als weiter zu begehren.[10]

Auch das Begehren des Türhüters ist entstellt. Sein Begehren fußt auf zwei ihm nur scheinbar äußerlichen Prinzipien;
dem Wirken von Herrschaft, das es ihrem Plan unterwirft,
und dem Zufall, mit dem ihm die Objekte nahekommen. Der
Zufall wird zum Prinzip des Überlebens als parasitärer An-
passungszwang, zum festen Bestandteil eines Planes, einkal-
kuliert für die nächsten Male als Prinzip des Geschehens.

Kafka hat die Verwertbarkeit des Zufalls explizit dargestellt: »Leoparden brechen in den Tempel ein und saufen die
Opferkrüge leer; das wiederholt sich immer wieder; schließlich kann man es vorausberechnen, und es wird ein Teil der
Zeremonie.«[11]

Der Zufall wird gefeiert als Ritus; wenn er ausbleibt, ist es
genauso ein Omen, wie wenn er wiederkehrt. Es kann nichts
fehl gehen, weder für die Autorität noch für das Begehren.

»Viel Hoffnung – für Gott – unendlich viel Hoffnung –, nur
nicht für uns.«[12]

Indem aus Zufällen und Berechnungen ihrer Wiederhol-
barkeit eine Sequenz gebildet wird, zu der Konsequenzen
möglich sind, entsteht das planhafte Moment, das die Unterwerfung unter die Herrschaft sinnvoll macht; so wird hier in
einer Bewegung die Herrschaft und ihr Plan erst erzeugt.
Nicht berechenbare Zufälle haben in diesem System als besonderer Ausdruck der Herrschaft zu gelten; als Willkür.

Das Begehren, das sich das zufällige Ereignis einfing und
festzuhalten versuchte, erzeugt die Herrschaft, um sich ihr zu
unterwerfen. Nur in dieser Entfremdung findet es seinen Ausdruck, zu dem es ohne versagenden Widerpart nicht gelangen
könnte.

Der Türhüter ermöglicht es dem Mann vom Lande, sich
auf dieser Stufe zu befriedigen; er ist seine *condition humaine*, der
Garant seiner Nostalgie.

Dasselbe wie der Mann vom Lande vollführt auch Robinson in »Amerika« – trotz seiner größeren Bewußtheit ist auch

er reduziert: zur Vollständigkeit fehlt beiden die Erinnerung an früheres, heftigeres Begehren und der Wunsch danach, der das Schicksal lebendiger Menschen ist.

So ist das »entstellte Begehren« festgehalten auf einer Stufe, in der es nicht selbst die letzte Konsequenz zieht, sondern durch eine Scheinkonsequenz verlängert und gestillt wird. Wie scheinbar diese Konsequenz ist, die von außen erwartet wird, zeigt ihre Entartung im Tode Josef K.s: »Wie ein Hund.« –

Das Leben des wartenden Hundes, gerichtet auf die Einlösung des Versprechens des Herrn, macht die Existenz des Kaufmanns Block wie auch die Robinsons aus, der auf die Gunst Bruneldas wartet, und es macht die Existenz des Mannes vom Lande aus, dem ebenfalls etwas verheißen worden ist – das Gesetz –, wie schließlich auch die Karl Roßmanns, der sein Leben auf die Anerkennung der Eltern baut.

Kafka kannte das: »Legs auf den Nachttisch!«[13], quittierte der Vater sein erstes, ihm gewidmete Buch.

V. Kafkas Beziehungsfallen

Die Mechanismen der repressiven Kommunikation, die bisher untersucht wurden, sind nicht nur für die Begegnung zwischen K. und dem Kaplan kennzeichnend, sondern lassen sich in der logischen Organisation des gesamten Romans aufzeigen.

Der Prozeß, der mit den Worten anfängt: »Sie sind verhaftet, gewiß, aber das soll Sie nicht hindern, Ihren Beruf zu erfüllen. Sie sollen auch in Ihrer gewöhnlichen Lebensweise nicht gehindert sein.« und der mit der Hinrichtung Josef K.s endet, zu der es keine Erklärung gibt, hat sich im Rückblick zu einer einzigen, überdimensionierten ›Beziehungsfalle‹ gestaltet, die alle Einzelbeziehungen in ihrem Umkreis determiniert und zum ›double bind‹ gerinnen läßt.

Schon wenn man die einfacheren Muster des ›double bind‹

aus der Genese der Schizophrenie auf Kafka anwendet, stößt man auf entsprechende Konstellationen in seinem gesamten Werk.

Die Aktions- und Reaktionsweisen im ›double bind‹ variieren. Je nachdem, welche Vorgeschichte der Betroffene hat und welche Resistenzmöglichkeiten ihm zur Verfügung stehen, wird er entweder die Falle betreten und wieder verlassen können (respektive sie nicht wahrnehmen und damit als Falle aufheben), indem er den anderen zur Eindeutigkeit zwingt; »Wie hast du das gemeint?«

Oder, durch seine Erziehung hellhörig geworden für alle Zwänge und zur Folgsamkeit bestimmt, wird er verwirrt und krankhaft reagieren. Er kann 1. paranoide Züge entwickeln oder 2. katatonische Zustände, er kann 3. alle Aussagen wortwörtlich nehmen – oder auf einen anderen Funktionskreis der Schizophrenie ausweichen.

1. Er kann im Beziehungswahn hinter jeder Äußerung einen verborgenen, ihm bedrohlichen Sinn vermuten und sich »vorsehen«. Gegenüber jeder Mitteilung mißtrauisch, ist er entschlossen, sich diesmal nicht täuschen zu lassen – wie er sich sein Leben lang täuschen ließ.

2. Aus Unsicherheit, aus Angst, sich mit der Deutung von Botschaften festzulegen, deren Sinn er fürchtet, kann er sich zunehmend den Anforderungen einer Antwort entziehen: Erstarrt zwischen den Lösungen, die ihm durch die Botschaften nahegelegt werden, ist er nicht imstande, sich für eine zu entscheiden oder autonom einen Entschluß zu fassen. Auch in seinen einfachsten Handlungen muß er sich fremd bestimmen lassen.

3. Er kann versuchen, sich von den Irrpfaden der Bedeutungen fernzuhalten, indem er zur Wortwörtlichkeit Zuflucht nimmt. Peinlich bedacht auf den genauen Wortlaut, wird er ohne Metaphern, ohne die mannigfaltigen Verständigungen über Gestik und Mimik, ohne Schwingungen des Stimmklangs leben, in einer grauen Welt des ›ausschließlich Gemeinten‹, respektive des ›ausschließlich so Verstandenen‹.

Es ist eines der Stringenz-Merkmale des »Prozeß«, daß seine Charaktere sich überwiegend durch die verschiedenen Möglichkeiten aus dem Arsenal des Wahns unterscheiden. (›Normal‹ erscheint nur der Bankdirektor; er ist gebrechlich und freundlich.) Einige Beispiele:

1. Einen paranoiden Zug zeigt Josef K. über den ganzen Gang der Handlung hinweg; er scheint unvermeidlich unter dem Druck eines Gerichtsverfahrens, das zugleich unsichtbar und omnipräsent ist, von dem die ganze Umgebung weiß und das schon von Anfang an von Neugierigen umlauert ist. Das zeigt schon die Verhaftungsszene: ».. . man konnte zwar das Ganze als Spaß ansehen, . . ., – trotzdem war er diesmal . . entschlossen, nicht den geringsten Vorteil, den er vielleicht gegenüber diesen Leuten besaß, aus der Hand zu geben. Darin, daß man später sagen würde, er habe keinen Spaß verstanden, sah K. eine ganz geringe Gefahr, wohl aber erinnerte er sich – . . . an einige, an sich unbedeutende Fälle, in denen er . . . sich unvorsichtig benommen hatte und dafür durch das Ergebnis gestraft worden war. Es sollte nicht wieder geschehen, zumindest nicht diesmal; war es eine Komödie, so wollte er mitspielen. Noch war er frei.«

2. Der Katatonie entspricht im System der Parabel der mentale Stupor des Mannes vom Lande, der sein Leben verwartet, fremdbestimmt, erstarrt in seinem Begehren.

3. Die Wortwörtlichkeit bei Kafka ist nicht die erste Zuflucht eines Opfers unter dem Druck der Rede, sondern wird auf repressive Weise angewendet und kann dann als induzierte Handlung übernommen werden.

Der Kaplan: »– . . . in den einleitenden Schriften zum Gesetz heißt es von dieser Täuschung:. . .«

Josef K. (nach der Parabel): »Der Türhüter hat also den Mann getäuscht.«

Der Kaplan: »Ich habe dir die Geschichte im Wortlaut der Schrift erzählt. Von Täuschung steht darin nichts.«

Schließlich erfährt K.: »Die Schrift ist unveränderlich und die Meinungen sind oft nur ein Ausdruck der Verzweiflung darüber.«

Die Opfer des Spiels mit der Eindeutigkeit lassen sich bei Kafka immer wieder auf das dünne Eis der ihnen vorgeschobenen Alternativen locken, und sobald sie sich auf sie eingelassen haben, wird ihnen die bisherige Verbindlichkeit entzogen.

»Der erste sagte: ›Du hast gewonnen.‹
Der zweite sagte: ›Aber leider nur im Gleichnis.‹
Der erste sagte: ›Nein, in Wirklichkeit; im Gleichnis hast du verloren.‹«[14]

Da es hier nur um Gleichnisse zu tun war, hat er in der einzig relevanten Wirklichkeit verloren.

Es lassen sich mehrere Gebrauchsformen der Wörtlichkeit bei Kafka unterscheiden. Neben ihrem repressiven Einsatz und ihrer folgsamen Übernahme durch das verleitete Opfer erscheint sie als Ausführung einer finsteren Antimetapher.

In dieser Form ist sie eine der wirksamsten Maßnahmen, den Leser auf die Ordnung der Symbole zu verweisen, indem ihm harmlos dahingeworfene Sprachbilder drastisch repliziert werden – mitsamt einem monumentalen Rahmenwerk vom Ausmaß der »Strafkolonie« bei der Erläuterung des Wortes: »Jemandem etwas auf den Leib schreiben«.

In so gewaltsamer Veranschaulichung liegt nicht nur Mutwille oder der Zwang einer Angst; es kann auch als eine besondere Art der »Richtigstellung der Begriffe« des Konfutse aufgefaßt werden, denn die sprachlichen Klischees enthalten eine härtere Meinung und oft darin mehr die Wahrheit als der (flüchtige) Ton, mit dem sie geäußert werden.

– »Jemandem einen kurzen Prozeß machen«: – der von Josef K. dauert nur ein Jahr und endet genauso radikal wie es eigentlich der Wunsch hinter dieser Drohung ist.

Der Türhüter der Parabel hütet die Tür, das ist seine Aufgabe. Darüber hinaus verkörpert er aber verschlüsselt noch ein weiteres Bild: Er ist ein Bauernfänger. Er fängt den Mann vom Lande (der ein Bauer wäre, wenn er als Jude Land besitzen dürfte) vor dem Gesetz ab. Anders als in der frühen Prosa Kafkas wird er aber nicht entlarvt.[15]

Ein anderer Aspekt, unter dem die Merkmale der psychischen Versetzung im ›double bind‹ an Kafkas Werk angelegt werden können, betrifft die Definition von Beziehungen.

In einer normalen Situation kommuniziert man zwangsläufig und es vermag dabei keiner sich der Definierung seiner Beziehung zu entziehen. Auch derjenige, der schweigt oder der sich explizit dem anderen überläßt – »Du mußt mir sagen, was ich tun soll« – definiert die Beziehung und bestimmt sie durch seine Hilflosigkeit nicht minder als der dominante Partner. Außerdem: indem er den anderen bittet, ihm zu sagen, was er tun soll, sagt er dem anderen gleichzeitig, was dieser tun soll.

Da man über alles, was man sagt oder nicht sagt, kommuniziert, kann man die Definierung seiner Beziehung nur dann vermeiden, wenn man gleichzeitig seine Kommunikation negiert. Im ›double bind‹ und in der Schizophrenie werden entsprechende Abwehrtechniken entwickelt, durch die sich der Betreffende von den Ansprüchen (und Gefahren) der Kommunikation und der Definierung seiner Beziehung fernhält.

Er kann es tun, indem er die Faktoren der Kommunikation leugnet, alle oder einige von ihnen. Je mehr Faktoren er negieren kann, desto vollständiger sein Rückzug in den Wahn.

Die Sozialmedizin unterscheidet vier dieser Faktoren: den Sender, die Nachricht, den Empfänger und den Kontext.

1. Ein Mensch kann leugnen, daß er es ist, der spricht, indem er unter einem anderen Namen agiert oder ausschließlich im Rahmen seiner Funktion (die ihm durch ein Amt zufällt oder durch »die Stimme Gottes« etc.).

2. Eine Nachricht kann negiert werden, indem der Sender z. B. behauptet, sich ihrer nicht erinnern zu können, oder wenn er sie so weit zurückverlegt, daß sie mehr einer Fama gleicht als einer realen Begebenheit. Eine andere Möglichkeit, die Nachricht zu leugnen, ist, sie zu »verfremden«: der Sprecher kann sie mit ungewöhnlicher Intonation (z. B. singend) vortragen oder die Einzelbuchstaben betonen etc. Er kann

auch das Gesagte im nächsten Satz verneinen oder eine eigene
»Sprache« entwickeln und so »kommunizieren«, ohne verstanden zu werden.

3. Um zu leugnen, daß man zu jemandem spricht, kann
der Sprecher mit sich selbst zu sprechen vorgeben. Der Empfänger kann auch dadurch verleugnet werden, daß der Sender ihn als eine andere Person anredet.

4. Den Kontext kann man leugnen, indem man woanders
zu sein behauptet.

Die Kommunikationstheorie und die Linguistik sprechen
von zwei weiteren Faktoren; dem Kode, in dem kommuniziert wird, und dem Kanal bzw. dem Kontaktmedium (»phy-
sikalische Verbindung zwischen Sender und Empfänger,
sowie psychische Einstellung des Senders, bzw. des Empfän-
gers, auf den möglichen oder tatsächlichen Empfänger, bzw.
Sender«).

Jedem dieser Faktoren entspricht eine Sprachfunktion.[16]

		Kontext	
Faktoren:		Nachricht	
	Sender	Empfänger
		Kontaktmedium (Kanal)	
		Kode	

		referentiell	
Funktionen:		poetisch	
	emotiv	konativ
		phatisch	
		metasprachlich	

Das Vermeiden der Definierung von Beziehungen kann bei
Kafka für alle sechs Faktoren der Kommunikation festgestellt
werden.

Im »Prozeß« wird seitens der Behörde, seitens der »anderen« (die alle mehr oder weniger zum Gericht gehören), alles
Greifbare in der Kommunikation negiert.

1. Der Sender: »Sieh du zuerst, wer ich bin. . . . Ich gehöre also zum Gericht«; der Kaplan agiert in seiner Funktion, nicht als Privatperson. (Das Voranstellen der Berufsbezeichnung ist auch für andere Personen im Umkreis des Prozesses typisch.)

2. Die Nachricht: »in den einleitenden Schriften zum Gesetz heißt es von dieser Täuschung: . . . Von Täuschung steht darin nichts.« – Oder in dem (separat veröffentlichten) Traum Josef K.s: »Während er . . . unten, . . . von der undurchdringlichen Tiefe angenommen wurde, jagte oben sein Name mit mächtigen Zieraten über den Stein.«[17] – Die Schriftart (mächtige Zierate) überdeckt ihre Bedeutung: daß K. der Begrabene ist.

Darüber hinaus erweisen sich alle Nachrichten über den Prozeß, alle Erläuterungen zu ihm als widersprüchlich (nicht nur im Falle K.s, sondern auch im Falle anderer Klienten).

3. Der Empfänger: »Sie sind Zimmermaler?« – der Untersuchungsrichter zu K. Oder: der Advokat wendet sich an Leni, während er zu Block spricht.

4. Der Kontext: Der irrige, widerspruchsvolle Kontext des allgegenwärtigen Prozesses wird räumlich veranschaulicht: in nächster Nachbarschaft zu Mietwohnungen tagt das Gericht, die Rumpelkammer in der Bank wird zum Schauplatz der Prüglerszene, etc.

5. Der Kanal: Ein Sinnbild des Kanals ist das Telefon; über diesen Weg empfängt K. mehrfach verwirrende Botschaften: eine ausführliche Vorladung vor einer Untersuchungskommission, jedoch ohne Angaben des Raumes und der Zeit, – oder Lenis plötzliche Bemerkung: »Sie hetzen dich.«

Ein anderer »krankhafter« Kanal ist die psychische Einstellung K.s auf seine Henker, veranschaulicht im Bild seiner zwanghaften ›Vereinigung‹ mit ihnen: »sie bildeten jetzt alle drei eine solche Einheit, daß wenn man einen von ihnen zerschlagen hätte, alle zerschlagen gewesen wären. Es war eine Einheit, wie sie fast nur Lebloses bilden kann.«

6. Der Kode: In diesem Punkt beteiligt sich K. selbst aktiv an der Mystifizierung; »Da er doch nicht nach der Untersuchungskommission fragen konnte, erfand er einen Tischler Lanz . . . und wollte nun in allen Wohnungen nachfragen, ob hier ein Tischler Lanz wohne, um so die Möglichkeit zu bekommen, in die Zimmer hineinzusehen.« Schließlich wird ihm auf seine Frage hin die Tür zum Gericht gewiesen.

Ohne daß angegeben würde, um was für eine Art Prozeß es sich handelt, benützt die Umgebung K.s die Gelegenheit seines Prozesses als Anlaß zur Kommunikation. »Sie haben einen Prozeß, nicht wahr?« – Der Begriff des Prozesses wird für die anderen (den Fabrikanten, den Onkel, den Kaplan . . .) zum Signalement eines Kodes, mit dem sie an K. herantreten können.

Das Negieren der Einzelfaktoren in der Kommunikation kann ebenso am Roman »Das Schloß« gezeigt werden. Indirekt ergibt sich daraus eine schärfere Profilierung des Charakters Josef K.s und seine Abgrenzung von dem des Landvermessers K.

Die Zuordnung der aktiven und passiven Beteiligung an der Kommunikationsverzerrung ist in Kafkas letztem Roman ausgewogener.

1. Der Sender: K: »Hier der alte Gehilfe des Herrn Landvermessers. . . . Josef. . . . ich bin der alte, der dem Herrn Landvermesser heute nachkam.«[18], und wesentlich: ». . . lassen Sie es sich gesagt sein, daß ich der Landvermesser bin«. Diese Grundbehauptung K.s wird nie zureichend bestätigt; wo der Anschein einer Bestätigung gegeben wird (Rückruf vom Schloß, Brief Klamms), wird sie von K. selbst in seinen Überlegungen durchkreuzt.

Die Behörde als nicht lokalisierbarer Sender: »Die Unterschrift war nicht leserlich, beigedruckt aber war ihr: Der Vorstand der X. Kanzlei.«

2. Die Nachricht: der Brief Klamms, die widerspruchsvollen Erklärungen des Gemeindevorstehers zur Frage des Land-

vermessers (Rückverlagerung des Berufungsbeschlusses, Verdünnung zur Fama); auch K. täuscht über seine Absichten; gibt vor, die Mutter Hans Brunswicks heilen zu wollen, wo er vor allem Kontakt zum Schloß sucht.

3. Der Empfänger: In den Personen sieht K. primär ihre Funktionen: in Barnabas den Boten, in Frieda die Geliebte Klamms; den Gehilfen Artur und Jeremias entzieht er ihre Identität, indem er sie einheitlich Artur nennt.

Die widerspruchsvolle Einstellung K.s zu den Gehilfen bestärkt die Unklarheit über seinen Beruf: »Wer seid ihr? . . . Wie? . . . Ihr seid meine alten Gehilfen, die ich nachkommen ließ, die ich erwarte? . . . Das ist gut . . ., es ist gut, daß ihr gekommen seid.«

4. Der Kontext: K: »In welches Dorf habe ich mich verirrt? Ist denn hier ein Schloß?« Schwarzer: »Allerdings, . . . das Schloß des Herrn Grafen Westwest.« Vorher: »Dieses Dorf ist Besitz des Schlosses, wer hier wohnt oder übernachtet, wohnt oder übernachtet gewissermaßen im Schloß.« – die Grenzen sind nicht auszumachen. (vgl. Titorelli im »Prozeß«: Es gehört ja alles zum Gericht.)

5. Der Kanal: Die chimärenhafte Unbeständigkeit der telefonischen Verbindung mit dem Schloß erfährt K. bei seinem ersten Versuch, selber das Schloß anzurufen: »Aus der Hörmuschel kam ein Summen, wie K. es sonst beim Telephonieren nie gehört hatte.« Und: »Nun ist aber dieses Rauschen und dieser Gesang das einzige Richtige und Vertrauenswerte, was uns die hiesigen Telephone übermitteln, alles andere ist trügerisch.« –

Nach Meinung des Gemeindevorstehers hat das Telefon im Dorf nur die Funktion eines Musikautomaten für Wirtsstuben, während es im Schloß überaus bedeutsam für die Erledigung der Arbeiten ist. Auch Barnabas als »Kontaktmedium« zwischen K. und dem Schloß rangiert für K. abwechselnd in Überbedeutsamkeit und Dürftigkeit.

6. Der Kode: »Ich bin der gräfliche Landvermesser« – eine Parole, die K. die Türen der Dorfbewohner öffnet, aber auch

Mißtrauen erweckt (weil er doch ein Fremder ist und sein Amt für die Öffentlichkeit nie eindeutig bestätigt wird).

Parole auch für die anderen, die mit K. auf dieser Basis verhandeln. Die persönlichen Beziehungen scheitern, weil die Parole den gesamten Umgang K.s bestimmt und darüber hinaus keine menschlichen Kontaktmöglichkeiten offen läßt.

Im »Schloß« beteiligt sich K. wesentlich mehr an der Wahnbildung als Josef K. im »Prozeß«. Durch seine ausschließlich auf das Schloß, auf seine Funktionsbestimmung orientierten Beziehungen zu den Dorfbewohnern trägt er aktiv zu der Zirkulation und Unterhaltung der Zwänge in der Gemeinde bei.

VI. Der geschichtliche Wahn

Die geistige Verfassung Josef K.s im »Prozeß« bewegt sich zwischen zwei gegensätzlichen Tendenzen: er verliert sich in Täuschungen und vergewissert sich zugleich ständig der eigenen Vernünftigkeit. Daraus läßt sich noch nicht schließen, wieweit K. einem Wahn verfallen ist oder als Einzelner die Reste der Vernunft gegen das aufziehende Wahnsystem des Gerichts verteidigt.

Es gibt Situationen, wo er sich besonders schlau oder taktisch verhält und dabei dem Gericht direkt in die Hände spielt, als wäre der Wahn von ihm selbst gespeist. In solchen Momenten kann K. im Sinne des Gerichts freiwillig agieren, ohne es zu merken, nur weil dabei sein logisches System bestätigt wird:

K., der nach einem Tischler Lanz fragt, um zum Gericht zu gelangen, räsoniert über sein Verhalten und begründet es vor sich selbst als Taktik. Mit dieser schlau vernünftigen und peinlich bedachtsamen Begründung »Da er doch nicht nach der Untersuchungskommission fragen konnte . . .« verschleiert er vor sich selbst, daß seine Frage fernab jeglichen Sachgehalts spielt.

Damit ist sie genau jene »inkongruente Antwort« auf eine inkongruente Situation (Einladung und Abweisung in einem), die im ›double bind‹ funktional ist: hier der Umstand, daß in einem schäbigen Mietshaus an einem Sonntag ein Gericht tagen soll. K. kann dabei mit dem Schizophrenen verglichen werden, der, zum Arzt bestellt, das Sprechzimmer mit der Frage betritt, ob dies hier der Hauptbahnhof sei und der (wie K.) die beschwichtigende Antwort erhält: Ja, kommen Sie nur herein.[19]

Die Bestätigung, die Josef K. erhält, als ihm auf seine Frage die Tür zum Gericht gezeigt wird, ist allerdings nicht nachsichtig, sondern Mittel eines determinierenden Zugriffs auf ihn. Sie gerinnt zu einem Kode, in dem die Ansichten des Gerichts über K.s Handlungen verschlüsselt sind.

Der Zugriff auf K. besteht in der Mitteilung, daß er sich mit seinen Absichten an die »Vereinbarung« mit der Behörde gehalten hat[20] – wie Schatow in Dostojevskijs »Dämonen«, oder Kirilow, der mit seinem vorgefaßten Selbstmord sich bereit halten soll für den Tag, an dem die Organisation ihn braucht.

Die Behörde setzt sich gegenüber den privaten Ausweichmanövern K.s durch, verleibt sich noch seine Tricks ein und gibt sie ihm als Anweisungen zurück.

Die faktische Übereinstimmung des Suchbildes Josef K.s (Gericht) mit der falschen Adresse (Tischler Lanz) korrespondiert mit einer weiteren unterschwelligen Bestätigung seiner privaten Vorhaben. Die Uhrzeit, die er wählte und nicht einhalten konnte, ist vom Gericht »zur Kenntnis genommen« und als gültig gesetzt worden. So bestätigt und zugleich durch die Rüge auf den realen Charakter der Übereinstimmung seiner Absichten mit dem Gericht hingewiesen (»Sie hätten vor einer Stunde und fünf Minuten erscheinen sollen«), kann er, muß er, zu der Überzeugung kommen, er kenne sich aus. Aus dieser trügerischen Sicherheit heraus agiert er im Gerichtssaal übermütiger als es seine geringen Kenntnisse der Situation sonst erlauben würden.[21]

Der assoziative Gehalt dieser Szenen ist als verborgene und drastische Belehrung zu lesen: Zweimal sieht Josef K. sich insgeheim bestätigt. Beide Bestätigungen huldigen scheinbar seiner Willkür, während sie umgekehrt noch seine intimsten oder zufälligsten Äußerungen ins System der Behörde überführen. Die dritte Situation, in der er sich auf reale Weise bestätigt fühlt und sich zum Anwalt einer ›Partei‹ machen will, stellt ihm seinen Irrtum als Fiasko unerwartet vor Augen – er war mit keiner Zustimmung gemeint gewesen. »Ein Beifallklatschen, wieder aus der rechten Saalhälfte, folgte. Leicht zu gewinnende Leute, dachte K. und war nur gestört durch die Stille in der linken Saalhälfte . . .«; ». . . Nun stand er Aug in Aug dem Gedränge gegenüber. . . . Hatte man sich verstellt, solange er gesprochen hatte . . .? . . . Unter den Bärten . . . schimmerten am Rockkragen Abzeichen in verschiedener Größe und Farbe. Alle hatten diese Abzeichen, soweit man sehen konnte. Alle gehörten zueinander . . . So, . . . ihr seid ja alle Beamte, wie ich sehe, ihr seid ja die korrupte Bande gegen die ich sprach . . .!« [22]

Der Kode, den er mit der Nennung des Tischlers Lanz getroffen hat, ist ohne ihn beschlossen worden; er gehört zum Arsenal der Behörde, die sich der Gelegenheit fremder Absichten und Äußerungen als höriger Bekundungen parasitär bemächtigt und darin ihr Leben hat.

Sie ist gegenüber allen Meinungen, allen logischen Widerstandssystemen inert; durch die Summe aller Gefangenen, die die Behörde in ihrem System bereits verdaut hat, ist ihre Masse so angewachsen, daß sie nicht nur allen Verwandlungen entgeht, wie Schlamm, wie Bitumen, sondern auch jeden Protest sofort vergessen läßt (K.s zunehmende Zerstreutheit) und ihrer ›Bewegung‹ einverleibt.

Das Leben unter dem Bann des Gerichts wird durch die Umstände gespiegelt. Die Menschen bewohnen sie und demonstrieren an sich deren Wirkung: die Frau des Gerichtsdieners, die sich von dem Studenten entführen läßt, gestikuliert mit Genugtuung ihre Hilflosigkeit; die Form der Lippen trägt die Verurteilung des Angeklagten ohne dessen Wissen zum Erschrecken anderer vor. Es wird suggeriert, daß die Geltung der Anzeichen auf fremden Entscheidungen beruht, als längst gültiger Kode, dessen Bestand unverletzlich und nicht befragbar ist. Die kollektive Ohnmacht wird kollektiv inszeniert.

In ihrer unangefochtenen Geltung treten die Umstände – die konventionelle Umständlichkeit – an die Stelle der Person; diese sind in die Gefilde des entstellten Begehrens eingewandert und dort aufgehoben.

Der Entwurf so manipulierbarer Menschen im »Prozeß« bringt einen Charakter von geschichtlicher Relevanz hervor. Versteckt hinter seiner Konventionalität ist er fähig, rücksichtslos und grausam zu handeln. Scheinbar kontrastierend verbindet sich damit ein geziertes Gehabe, das in seiner frivolen Fatalität[23] für jede Art Fremdbestimmung anfällig ist, unfähig und uneinsichtig, um der Ausbreitung des Gerichts über den ganzen zivilen Lebensraum Einhalt zu gebieten.

Dem reibungslosen Übergang von Passivität zu offener Hingabe an die Gewalt stehen nur wenige Eigenschaften entgegen – wie der »Prozeß« zeigt, ohne Chance, sich zu ernsthaftem Widerstand zu verbinden.

Der Wahn, der sich in vielen Beziehungen K.s zeigt, ist identisch mit der Gesinnung des Gerichts, mit der vorherrschenden Meinung über die Notwendigkeit der gesellschaftlichen Einheitlichkeit und Übereinstimmung.

Das Gericht kann Josef K. den Prozeß machen, indem es auf seine mit ihm übereinstimmenden Züge, auf K.s Konventionalität rekurriert. Es überfällt ihn da, wo er dem Gericht am ähnlichsten ist, im Bett, in der Erwartung von Handreichungen, und tötet ihn, wo er ihm unähnlich ist – in seiner Individualität, die sich vom Wahn nicht anstecken ließ.

Ein einzelner Wahnsinniger ist im Netz der wahnhaften Verbindungen, die das Gericht und die Prozeßgesellschaft durchziehen, nicht als Besonderer herauszuheben. Nur das besondere Vernünftige – K.s Ärger über Quälereien – gibt das

Licht, in dem die Prozeßlandschaft als irrsinnige Einbildung erkannt werden kann, zu der sich die Gesellschaft in ihrer geschichtlichen Wirklichkeit bekannt hat.

Der Wahn, der vom Gericht ausgeht, befällt alles; in der Bank, die sich noch im Bereich »vernünftiger Zwänge« der Geldwirtschaft hält, wird der drittwichtigste Mann, Josef K., in einen ausweglosen Prozeß gezogen. Von unten, aus der Rumpelkammer, drängen schon die Statisten des Verfahrens ins Gebäude.

Das Schloß als Diskurs
Die Entstehung der Macht
aus Projektionen

I.

K. sieht das Schloß bei seiner Ankunft nicht. Erst nachdem er im Dorf übernachtet hat, nachdem er durch das nächtliche Verhör im Wirtshaus – durch das Hin- und Herfragen nach seiner Identität und ihre unerwartete Bestätigung durch das Schloß – seine Orientierung verloren hat, wird er empfänglich für die endemische Optik des Dorfes. Am Morgen liegt das Schloß deutlich vor ihm und auf den ersten Blick entspricht es seinen Erwartungen. Im Näherkommen erweist es sich als ein elendes Städtchen, aus Dorfhäusern zusammengetragen – eine Art Fata Morgana des Dorfes (woher hätten die Bauern auch ein anderes Bild nehmen können).

»Keinem Fremden gefällt es«, sagt der Dorflehrer und verweist K. mit seiner Enttäuschung auf ihn selbst.

K.s Kontaktversuche, seine Konzilianz verfangen in diesem Klima nicht, er ermüdet rasch, – schon das kurze Gespräch hat ihn sehr müde gemacht –, trotz stundenlangen Gehens bleibt das Schloß vor ihm unverrückt, und er kommt ihm nicht näher.

Von da an wird das Äußere des Schlosses nicht mehr erwähnt; das Schloß als sichtbare, von K. wahrnehmbare Realität hat keine Bedeutung mehr, weil es auf K.s Wahrnehmung nicht mehr ankommt.

Fortan wird er informiert – auch darüber, was er sieht und hört –, er hat sich in das klamme stagnate Klima eingefunden; seine fortschreitende Müdigkeit markiert seine Einsicht in die Verhältnisse, seine Akklimatisierung.

Auf dem Weg zum Schloß endet das Dorf nie; alles, was K.

über das Schloß erfährt, kommt aus dem Dorf und führt dahin wieder zurück, wie die Landstraße, die ihn zum Schloß bringen sollte und ihm nur die endlose Ausdehnung des Dorfes zeigt.

Über die Ränge der Schloßbeamten wird er von den Dorfbewohnern aufgeklärt; ihre Bedeutung spiegelt sich in den Verheerungen, die das Ausbleiben eines Beamten für die Dorfbewohner mit sich bringt. Die »entsetzliche Treue« Gardenas, ihr lebenslanges Warten auf Klamm macht Klamms Bedeutung aus, nicht die Erfüllung seiner Amtspflichten, die ohnehin niemand kennt.

Das Elend, die Selbstpreisgabe der Familie Barnabas resultieren daraus, daß der gemutmaßt beleidigte Sortini jede Beschuldigung, jede Strafe durch sein Schweigen verweigert; die Familie erfährt keine Konsequenz ihres Handelns und verliert dadurch den Halt in der dörflichen Wirklichkeit.

Diese flüchtigen, zufälligen Begegnungen, aus denen für die Dorfbewohner ein Schicksal erwächst, sind in ihren Erinnerungen lebendiger als die starre, trostlose Gegenwart. Der Zustand des Dorfes ist permanente Regression: die Kinder sind altklug[1], die Männer kindlich, die Frauen erschöpft. Die Geschichten vom Schloß weisen in die Vergangenheit und in den verschiedenen Fassungen der Dorfbewohner verflechten sie sich zu mythischen Gebilden.

Feste Grenzen zwischen Realität und Einbildung, zwischen Dorf und Schloß sind nicht auszumachen, das Schloß diffundiert in das Dorf hinein über Gerüchte und erwartete Schicksalsschläge; andererseits sind die Gestalten der verschiedenen Vorposten des Schlosses (Dorfsekretäre, Boten, Kutscher) in ihrer Schäbigkeit den Bauern enttäuschend ähnlich.

Der höchste Repräsentant des Schlosses, Klamm (tschech.: klam – Trug, Schein) entgeht jeder Aneignung, jeder Eindeutigkeit, indem er in entscheidenden Augenblicken ausbleibt – oder keinen Namen besitzt –, Barnabas, der Bote, weiß nie, vor wem er im Schloß steht. In den vielen Versionen, die K. von Klamm erhält (Gardena, Frieda, der Dorfvorsteher, Momus, Erlanger) wächst für ihn ein Traumobjekt heran. Am nächsten kommt er ihm in dem leeren Schlitten, wo er an seiner statt die Requisiten, den feinen Pelz, den Kognak, genießt. Überall, wo sich Klamm im Dorf zeigen soll, versammeln sich die Dorfbewohner und begehen sein Erscheinen. Gardena drängt sich mit Pepi und Momus am Schlüsselloch und stellt aufgeregt Klamms Abfahrt für K. dar, ohne daß K. Gelegenheit hat, einen Blick auf Klamm zu werfen. Friedas befremdendes Angebot bei K.s Ankunft, ihm Klamm zu zeigen, gibt den Blick auf eine unbewegliche Figur frei; den späteren Ruf nach Frieda hört K. aus der gleichen Richtung. Zu diesem Zeitpunkt (er wird es auch weiterhin nicht tun) hat K. noch keinen Grund, an Klamms realer Existenz zu zweifeln.

Nachträglich läßt sich Kafkas Sparsamkeit in Evidenzmomenten als Hinweis auf einen perfekten Alibibetrieb verstehen. Klamm als ambulanter Götze, eine Wachsfigur, die von Ort zu Ort verschoben wird.

Wie alle höheren Beamten des Schlosses – Sordini, Sortini, Vallabene – lebt er nur durch Parolen.

Wenn auch die Dorfsekretäre sich gerade noch zeigen – auch sie meist wortkarg und scheu: ihre einzige Funktion scheint zu sein, die Existenz ihrer Vorgesetzten zu bezeugen (Momus beschwört K. »Im Namen Klamms«) – so hört vom eigentlichen, schloßmäßigen Rang an die Beweisbarkeit der Schloßbehörde auf. (Olga erklärt K.: »Und doch kannst du im Dorf Leute finden, die beschwören würden, daß Momus Klamm ist und kein anderer. So arbeiten die Leute an ihrer eigenen Verwirrung.«)[2] Klamms Macht ist unbeschränkt, da sie sich durch keine direkte Offenbarung an der Realität stößt. Anweisungen der niederen Chargen ersetzen die übergeordneten Ziele, und die Dorfbewohner bereiten den Boden, das Substrat für die Wünsche und Anordnungen der Behörde. Es ist aber nicht so, daß die Dorfbewohner dem Schloß gegenüber unmündig oder unzurechnungsfähig wären, daß das Nachstellen der Schloßbeamten bei den Dorffrauen Unzucht mit Abhängigen bedeuten würde: die Dorfbewohner integrieren vielmehr diese Unterdrückungen in ihre imaginierten Gebilde, in die fahrbaren Gestelle der Beamten (was sich auch als Berührungszwang an der vom Schloß gestifteten Feuerwehrspritze äußert).

Die Eingriffe des Schlosses sind Entscheidungen der Dörfler; sie übertragen ihre Vorstellungen von Machtausübung auf die Schloßbehörde, die genauso chaotisch und undurchsichtig funktioniert wie die alteingesessene Verwaltung des Dorfvorstehers.

Die ganze verwucherte Hierarchie des Schlosses basiert auf der mentalen Zustimmung des Dorfes, erwächst aus den lokalen Stimmungsschwankungen einer eingeschlossenen Gemeinde.

Dieser Bau, der nie betreten werden darf, die Beamten, die niemand sieht, – ausgestattet mit so viel Macht, wie das Dorf nur ertragen kann, – wieviel es vielmehr für seinen sozialen Unterhalt braucht –, sind eine kollektive Projektion des Dorfes, sein einheitlicher Diskurs, sein unerschütterlicher Überbau.

II.

Der Neue Robinson bei Stanisław Lem[3] bevölkert seine menschenleere Insel mit imaginierten Gestalten und erschafft sich mit ihnen ein Reich unentwirrbarer Verpflichtungen. Der logische Aufwand, mit dem er seine Gestalten gegeneinander abwägt und an den Grenzen ihrer sinnlichen Wahrscheinlichkeit balanciert, ist eine erschöpfende Vorkehrung zur Sicherung seiner geistigen Integrität.

Eines weiß er: sein Vorgänger, Robinson Crusoe, war eine Gestalt des Autors Defoe; der wirkliche Matrose Selkirk überlebte nur als vertierte sprachlose Existenz.

Defoes Puritaner war aller Zweifel enthoben, da er sich in dauerndem Zwiegespräch mit Gott befand und sich dessen strenger Fürsorge überließ.

Für Lems Schiffbrüchigen kommt Gott nicht in Frage. Er ist allein für seine Umgebung verantwortlich und dafür, was ihm in seiner gottesfreien Einsamkeit passiert. – »Einige Augenblicke lang gelüstet es ihn nach Zentauren.«

Dann besinnt er sich, daß er sich vollkommene Wesen nicht leisten kann, und schafft Glumm. Glumm ist ein Diener von stummer Servilität und heiterer Fettleibigkeit, entsprungen der Einsicht seines Herren, daß er bisher die Demokratie – »wie jeder Mensch (dessen ist er sicher) nur aus Notwendigkeit ertragen hat«.

Das Arrangement mit dieser Figur besteht in Robinsons Entschluß, in den hingelegten Früchten, den vorbereiteten Speisen, seinen mit heißen Steinen gebügelten Hosen, die er als Produkt gedankenleerer nächtlicher Verrichtungen täglich vorfindet, die Arbeit Glumms zu erblicken.

Glumms schweigsame Dienste bringen auf die Dauer wenig Belebung – fast als gäbe es Glumm nicht. Robinson schafft sich den Küchenjungen Smen, der mit seinen Streichen Farbe in das eintönige Herr-Knecht Verhältnis bringen soll. Smens Anwesenheit lenkt aber Glumm zu sehr von seinen Pflichten ab und verwickelt Robinson zusätzlich in ungewollte Beobachtungen ihrer Streitereien. Glumm wird nörgelig und allmählich immer nachlässiger. Das Verjagen Smens nützt nichts mehr. Robinson muß schließlich Glumm entlassen, macht aber einen Fehler, indem er ihn mit realem Schiffsgeld auszahlt. Die liegengebliebenen Münzen kann er nur als beleidigende Geste des Dieners ansehen.

Glumm ist auch keineswegs verschwunden, er steht nur nicht mehr zu Robinsons Verfügung. Überall sieht Robinson seine behaarte Brust in den Wipfeln der Kokospalmen wehen und hört ihn von den Klippen die altersschwachen Wale beschimpfen, mit einer Stimme, die an Möwengeschrei erinnert. Wohin er sieht und hört, stößt er auf Fragmente dieser schlecht weggedachten Figur.

Robinson engagiert Wochenmitte, die Glumms Aufgaben übernimmt, seine Wäsche läßt er sich allerdings von ihr nicht waschen. Im Gegenteil, nachts steht er auf und wäscht auch ihre Sachen, die er vom Schiff für sie geholt hat.

Er hütet sich, einen Grad der Konkretion Wochenmittes zu streifen, von dem an alles vergeblich wäre, wo er an ihrer Immaterialität verzweifeln müßte. Vorbeugend versieht er sie mit einem dritten Bein und macht sie damit für sich unerreichbar.

Später schiebt er zwischen sich und Wochenmitte eine weitverzweigte Verwandtschaft von Gestalten, die aus ad hoc herausgeschrienen Namen und Fetzen von Einfällen entstehen; sie soll ihn vor dem verheerenden Griff nach Wochenmitte bewahren.

In ontologischen und semantischen Exzessen (wo er Ohren von Uhren nicht mehr unterscheidet) sucht er, seine Sehnsucht nach Wochenmitte zu ersticken.

Seine Welt quillt über: durch eine Art halluzinatorische Selbstteilung der zuerst gedachten Gestalten entstehen Gestalten zweiten Grades. Am Ende beschimpft der Kater von Glumms Tante Robinson »Du Beinausreißer«.

Die Schöpfung verselbständigt sich und besorgt die Organisation ihres Schöpfers.

III.

Die Benennungsorgien Robinsons, die Verteilung von Rollen und Beziehungen, schnelles Disponieren über Schiffsstrandungen und das Herbeischaffen von Stützmaterial für die neu Hinzugedachten – dieser Aufwand zur Erschaffung einer halbwegs glaubbaren Welt ist den Mühen vergleichbar, mit denen die Dorfbewohner den Schloßkomplex errichten und betreiben.

Ohne Lems wahnwitziges Paradigma wäre der projektive Charakter der Machtmanifestation im »Schloß« schwer zugänglich, wären die geschilderten Verhältnisse als historisch gegeben anzusehen und die Ohnmacht der Bauern glaubhaft.

Die insulare Lage des Dorfes ist der kollektiven Wahnbildung förderlich. Die Geschichten vom Schloß sind der Zeitvertreib des Dorfes in der Lethargie seiner langen Winter.[4] Sie werden überwiegend von Frauen erzählt, die mit ihren Affektionen das Dorf für das Schloß sensibel machen. Ihre potentielle intime Verbindung mit den Beamten, der daran geknüpfte Erkenntnisanspruch (Gardenas Einfühlung in Klamms Imago) sichern ihre Rolle als Bewahrerinnen des dörflichen Geschicks. Auch die jugendlichen Männer – Barnabas, Artur, Jeremias, Hans – zeigen Anlagen, sich in den sexualen Dunstkreis des Schlosses als Objekte einzubringen.

Die Frauen bestimmen letztlich auch über K.s Bleiben. Ihre durchgehende und weiterreichende Anteilnahme, die sich meist als Abschiebung äußert, leitet ihn von Quartier zu Quartier bis in die Kammer der Mägde. Hans Brunswicks und Gerstäckers Mutter erkundigen sich nach ihm, Amalia läßt ihn grüßen, Frieda liebt ihn – das ist nicht wenig in einem Dorf, wo er am ersten Tag belehrt wird: »Wir brauchen keine Gäste«. Am drückendsten sind Gardenas vernünftige Aufklärungen, die auf die Logik des Schlosses eingespielt sind und K. auf allen Gängen als negative Vorbestimmung begleiten.

Amalia, die sich einer Aufforderung des Schloßbeamten Sortini verweigert hat, leitet damit den Niedergang ihrer Familie im Dorf ein. Die Paria-Rolle, die der Familie Barnabas aufgrund dieses Vorfalls zuwächst, läßt aber keinen Groll gegen Amalia bei den Familienmitgliedern aufkommen, sondern steigert noch den Respekt vor ihr. An jenem Tag hat Amalia die Führung der Familie an sich gerissen. Sie erzwingt die dauernde Beschäftigung aller mit ihrem unsicheren Schicksal, sie beherrscht sie durch Schweigen – wie das Schloß das Dorf.

Ihre Macht erwächst aus dem hohen Ansehen ihrer Verschuldung; als wäre Amalias Weigerung Bestandteil eines stillen Übereinkommens, die Beschaffenheit der Schloßbeamten nicht auf die Probe zu stellen.

Sortini wird mit einem für Kafka ungewöhnlichen Aufwand an sexuellen Metaphern eingeführt: das ausgiebige Betasten der neuen Feuerspritze (an dem Barnabas nicht teilnehmen will und dafür vom Vater Prügel bekommt), das Lärmen auf den neuen Trompeten, die vorragende Deichsel, über die Sortini springen muß, um in Amalias Nähe zu gelangen – der Apparat ist deutlicher vorhanden als die kleine scheue Gestalt des Beamten, so eindrucksvoll und perfekt, daß dieser fast übersehen wird inmitten seiner Attribute. (Im Sinne Arno Schmidts ist Sortini der Penide des Schlosses.)

Diese Lustbarkeit findet am 3. Juli statt, Kafkas Geburtstag.

Es scheint, als hätte das Schloß nichts dagegen, wenn sich die Frauen des Dorfes der Annäherung entziehen; so läßt auch Klamm K. wissen, daß er mit seiner Arbeit zufrieden ist – die bis dahin nur darin bestand, daß er ihm Frieda ausgespannt hat.

Die Familie Barnabas nimmt im Dorf eine Schlüsselposition ein. In Ermangelung einer Strafanordnung für die Beleidigung des Schlosses leitet sie ihre Ächtung, das Abreißen aller Beziehungen im Dorf selbst in die Wege. Die Dorfbewohner ziehen zögernd nach (»Man merkte, daß wir nicht die Kraft hatten, uns aus der Briefgeschichte herauszuarbeiten, und man nahm es uns sehr übel.« S. 210).

Die Familie betreibt ihren sozialen Abstieg mit einer Hingabe, als gälte es, eine Lücke im System zu füllen, eine vakante Stelle zu besetzen – die des Opfers, um die Macht des Schlosses an der Unvergleichlichkeit ihrer Misere zu demonstrieren.

Die Bittgänge des Vaters, mit denen unter Verausgabung der letzten Mittel der Familie und seiner Gesundheit die niederen Chargen zur Preisgabe der Schuld bewegt werden sollen, beschleunigen den Ruin der Familie.

Er bekommt kein Zugeständnis, nur zerstreute Mißhandlungen, weil er die Entscheidungsautonomie der zahlreichen

Sekretäre mit seiner Forderung nach Bestrafung, nach Schuldzuweisung überfordert. In dem Wust unübersichtlicher Zuständigkeiten gehen seine selbstdenunziatorischen Anträge unter.

So setzten die Betroffenen selbst den gedachten Unterdrückungsmechanismus des Schlosses in Bewegung.

Diese gezeichnete Familie, deren Name im Dorf nicht genannt wird, und in die sich K. anstelle des Schlosses einfindet, ist in ihrer Unberührbarkeit, in ihrer Entfernung vom Dorf dem Schloß am nächsten. Sie führt vor, wie es funktionieren könnte.

Barnabas' Selbsternennung und Verwandlung zum Schloßboten veranschaulicht die Genese des Schlosses. An seiner Funktion wird von keiner Seite gezweifelt – weder vom Dorf noch vom Schloß (das Schloß zweifelt an K.s Landvermesserei auch nicht, in der Realität des Dorfes ist er aber nicht zu gebrauchen).

Wie sich zu K.s Enttäuschung unter Barnabas' glänzendem Botengewand schmutzige Bauernkleidung zeigt, hat sich auch hinter der Schloßansicht die Schäbigkeit seiner Bauten erhalten.

In der Vorgeschichte des Schlosses könnte sich auch herausstellen, daß es ein wegen seiner unfruchtbaren Lage aufgegebener früherer Sitz des Dorfes ist. Seine realen Trümmer können dem Dorf als Vorwand für seine Projektionen dienen. Das Dorf deponiert auf dieser Müllhalde seine Vorstellungen von Unerreichbarkeit, Weite, Macht, für die sich in dem geringen sozialen Gefälle des Dorfes keine Gelegenheit findet. Mit diesem Gebilde vor Augen, das von Tag zu Tag an Glanz gewinnt, polarisieren sich die internen Verhältnisse im Dorf: es gibt Parias, Neureiche und eine Ahnung von Mächtigen. Die Bedeutung der Letzteren muß vermittelt werden, damit der Glaube an das Schloß nicht beliebige private Richtungen einschlägt, die Ansichten müssen berichtigt werden, damit sich in diesem Konsens das Dorf zu einem wahnbeständigen Volksganzen zusammenschließen kann.

77

So wie sich Barnabas mit dem Brief an K. plötzlich vom Schloß beschäftigt fand, ergaben sich aus dem Schloßprojekt neuartige, im Dorf selbst nicht verwendbare Funktionen. Es muß angenommen werden, daß sie von den entbehrlichen Mitgliedern der Dorfgemeinschaft besetzt wurden. K. findet eine gesättigte Hierarchie von Mittelsmännern vor, eine Riege von Dorfsekretären, die Anweisungen und Zuteilungen für Arbeiten von der Relevanz seiner eigenen Landvermesserei ausgeben.

Die nächsthöheren Stelleninhaber veranstalten jeden Morgen im Herrenhof eine unsinnige Schlacht bei der Verteilung der zu bearbeitenden Aktenhalde, wobei nicht einmal der aktenverteilende Diener sie zu Gesicht bekommt; meist strecken sich nur gierige Hände durch Türspalten, um die Bündel hereinzuziehen. Das vordergründigste Attribut aller Schloßzugehörigen, die Scheu vor Beobachtung, ist also auf dieser Stufe schon so weit gediehen, daß hier namen- und gesichtslose Statisten ihre Rolle übernehmen könnten. Die Scheu der Beamten ist das sicherste Argument des Dorfes, um das Schloß vor eigener oder fremder zerstörerischer Neugier zu schützen.

Der Leerlauf der hypertrophierten Pflichtausübung zehrt auch den Schlaf auf, die Beamten kennen kein Ausruhen: noch im Bett malt sich Bürgel lustvoll nächtliche Überfälle von Bittgängern aus, die sich zu ihm verirren und denen er nichts würde abschlagen können, – aber »es kann gar nicht vorkommen«, versichert er K., der sich zu ihm verirrt hat und nichts von ihm will.

Es gibt also auch reale Personen hinter den Türen; die gestaltlos gebliebenen Übergänge im Projektionssystem werden besetzt.

Diese Schloßkader leben auf Kosten des Dorfes, sie verzehren seine Lebenskräfte. »An wen sollen wir denn denken? Wer ist denn sonst noch hier?«, fragt der Dorfsekretär Momus K.

Vor den Wucherungen des Schloß-Egoismus müssen die privaten Beziehungen im Dorf weichen. Erlanger fordert von K. Friedas Rückkehr in den Ausschank des Herrenhofes, damit Klamm durch eine Veränderung der Verhältnisse nicht gestört wird. Er führt aus:

»... Nun ist diese Veränderung natürlich belanglos, wahrscheinlich für jeden, und für Klamm ganz gewiß. ... Die kleinste Veränderung auf dem Schreibtisch, die Beseitigung eines dort seit jeher vorhanden gewesenen Schmutzflecks, das alles kann stören und ebenso ein neues Serviermädchen. Nun stört freilich das alles ... Klamm nicht; davon kann gar keine Rede sein. Trotzdem sind wir verpflichtet, über Klamms Behagen derart zu wachen, daß wir selbst Störungen, die für ihn keine sind – und wahrscheinlich gibt es für ihn überhaupt keine –, beseitigen, wenn sie uns als mögliche Störungen auffallen. Nicht seinetwegen, nicht seiner Arbeit wegen beseitigen wir diese Störungen, sondern unseretwegen, unseres Gewissens und unserer Ruhe wegen. Deshalb muß jene Frieda sofort wieder in den Ausschank zurückkehren, vielleicht wird sie gerade dadurch, daß sie zurückkehrt, stören; nun, dann werden wir sie wieder wegschicken, vorläufig aber muß sie zurückkehren. ... Auf persönliche Gefühle kann dabei keine Rücksicht genommen werden, das ist ja selbstverständlich ...« (S. 269 f.)

Erlangers Aufforderung ist zu diesem Zeitpunkt bereits überholt; Frieda hat K. verlassen und ist in den Herrenhof zurückgekehrt. Genausowenig, wie K. dem Gebot des Schlosses genügen kann, sind irgendwelche realen Mittel des Schlosses sichtbar, mit denen es seine Forderungen durchsetzen könnte.

Das ganze ist nur ein Spiel im Überbau, mit dem nachträglich die Ereignisse im Dorf von der Aura der Schloßbewilligung abhängig gemacht werden.

Eine reguläre Schloßmacht wird auch von den Dorfbewohnern nicht zugegeben. »Es gibt nur Kontrollbehörden.« Wirklich ist nur die Erwartung von Kontrollen.

Die Exekutive besorgt sich das Dorf selber. »Wir fürchteten nichts Kommendes, wir litten schon nur unter dem Gegenwärtigen, wir waren mitten in der Bestrafung darin«, beschreibt Olga das Elend der Familie.

Das Projektionssystem ist dynamisch und erhält sich selbst. Wer sich darauf einläßt, muß die kollektive Optik übernehmen; seine individuelle Distanz und kritische Freiheit nützen ihm nichts und werden zugunsten der erhofften Einbettung abgelegt.

So kann der Dorfvorsteher K. ohne Risiko aufklären, daß das Telephon im Wirtshaus, über das K. seine erste Bestätigung vom Schloß erhielt, nur eine Art Musikautomat ist, zur Zerstreuung der Bauern.

Er sagt ihm deutlich:

»Sie sind eben noch niemals mit unseren Behörden in Berührung gekommen. Alle diese Berührungen sind nur scheinbar, Sie aber halten sie infolge Ihrer Unkenntnis der Verhältnisse für wirklich.«

K. ist bereits fest in der Obhut des Schlosses.

IV.

Die kollektive Beteiligung am Schloß-Projekt, seine Verfestigung zum Lebensinhalt entspringt dem Spannungsbedarf des Dorfes, aus der Armut seiner realen Umwelt, aus dem Mangel an Freiraum.

In der Literatur wird die Selbstversorgung abgeschlossener Systeme mit Feinden, mit Kontrolle, mit imaginierten Gefahren immer nachdrücklicher zum Thema.

So errichten sich die Bewohner auf einer »Insel in der Nähe von Magora« bei Lars Gustafsson schon zu Lebzeiten einen Himmel und eine Hölle; in letzter vegetiert ein Teil der Bevölkerung in Quecksilbergruben, verkrüppelt, haar- und zahnlos, und fördert für die glücklichere Hälfte Gold, das diese Wesen ungesehen an bestimmte Plätze hinzulegen haben. Über die Zuordnung zu den beiden Klassen entscheidet das Los: es kann jeden treffen.

Dieser Fatalität wird nicht durch die üblichen sozialen Behelfe vorgebaut; Familienbande, Beziehungen, Institutionen, Promiskuität, Bestechlichkeit gelten nicht. Die Archaik dieser Verteilung zeugt von der Abschließung der Bevölkerung, die sich keinem sozialen Vergleich öffnet.

Abgeschlossene Projektionssysteme finden sich weiterhin bei Stanisław Lem.

In »Gruppenführer Louis XVI.«[5] haben sich nach Südamerika geflohene SS-Männer im Dschungel einen monarchischen Hofstaat organisiert; die Hofsprache ist das vollkommen unbeherrschte Französisch, das folglich aus Likör- und Schnapsetiketten bezogen wird und für alle Requisiten des Staates und den Alltag aufkommen muß.

Die »Unentlaßbarkeit« für alle Mitglieder solcher Systeme wird am drastischsten in Lems »Memoiren, gefunden in der Badewanne« entwickelt – ein Monument der *Flaschenpostliteratur*.

Ein anderes Beispiel gibt Wedekinds »Mine-haha«: allein durch Gerüchte hält die Zucht-Kolonie für junge Mädchen zusammen; durch das Geflüster über die mit Häßlichkeit geschlagenen Dienerinnen, die alle einmal eine Flucht gewagt haben sollen.

Bei Lem findet sich auch das Modell einer Familie, die mit einem schwachsinnigen Mörder – ihrem Kind – fertig werden muß; also entscheidet sie sich dafür, daß es ein Genie ist (»Der Idiot«)[6].

In Edward Albees »Who is afraid of Virginia Woolf« ist das gemeinsame Hinausprojizieren eines Sohnes die letzte Zuflucht des von Streitereien erschöpften Ehepaares, der Kitt dieser verunglückten Dyade.

Alle diese Entwürfe zeigen, daß das Projizieren die Projizierenden in Bann hält. Auch Macht ist dabei letztlich durch die Wahl der einen oder der anderen Rolle begründet.

Das Prinzip der Schloßherrschaft, die halbbewußte Entscheidung des Dorfes für seine Unterdrückung, wird am deutlichsten in Kafkas eigener Gegendarstellung. In der »Wahrheit über Sancho Pansa« rückt er das überlieferte Herr-Knecht-Verhältnis zurecht:

> Sancho Pansa, der sich übrigens dessen nie gerühmt hat, gelang es im Laufe der Jahre, durch Beistellung einer Menge Ritter- und Räuberromane in den Abend- und Nachtstunden seinen Teufel, dem er später den Namen Don Quixote gab, derart von sich abzulenken, daß dieser dann haltlos die verrücktesten Taten aufführte, die aber mangels eines vorbestimmten Gegenstandes, der eben Sancho Pansa hätte sein sollen, niemandem schadeten. Sancho Pansa, ein freier Mann, folgte gleichmütig, vielleicht aus einem gewissen Verantwortungsgefühl, dem Don Quixote auf seinen Zügen und hatte davon eine große und nützliche Unterhaltung bis an sein Ende.[7]

V.

Projektionssysteme erfordern für ihren Bestand die kontinuierliche Beschäftigung aller Beteiligten mit ihren Strukturen. Der totalisierte Bereich ist um so ausbruchssicherer, je vollständiger die Neugier, der Reizbedarf der Bevölkerung auf die Vorfälle im System gelenkt wird.

Stalin liebte es, in seinen einsamen Kremlnächten bei Sektgelagen sich bis zur Erschöpfung der ausgewählten Begleiter Westernfilme anzusehen; Gary Cooper war sein Lieblingsheld.

Dem Volk war das feindliche Propagandamaterial nicht zugänglich. Von Goebbels und Hitler ist Ähnliches bekannt.

Durch die verordnete Langeweile, durch Reizarmut werden die Menschen am verläßlichsten auf höhere Ziele eingestimmt[8], von ihren elementaren Wahrnehmungsgelüsten zum

Pathos leerer Bedeutsamkeiten hingeführt. Die materielle Schäbigkeit des Schlosses hat einen emotionalen Glanz für die Dorfbewohner; ein Tuch, ein Häubchen, die undeutliche Fotografie eines Boten beim Hochsprung (der einzige Beleg Gardenas für ihre frühere Beziehung zu Klamm) sind Devotionalien, wie Auszeichnungen, Banner, Parteiabzeichen für die Welt außerhalb der Literatur.

Die scheuen Beamten hinter den Kremlmauern – sie sind im Alltag nicht zu sehen, deshalb erscheinen sie der Bevölkerung aber nicht weniger mächtig. Ob die Massen den unzähligen Erlässen, Resolutionen und Aufbauverpflichtungen folgen oder sie mit privater Schlauheit umgehen – schon durch die darin enthaltenen Projektionsleistungen wächst die Macht der Tribünenkader. Die nachziehenden Demonstrationen von Gewalt fallen dann auf vorbereiteten Boden; sie schließen die Lücken im System und realisieren die Ohnmacht seiner Anhänger.

Über Kafka hinaus – der Weg zur Veränderung der Verhältnisse führt durch die Köpfe der Ausgebeuteten. Der Verzicht auf ein schützendes, auf Übereinstimmung beruhendes Weltbild ist die erste Absage an Herrschaftsbeziehungen, ein Mißtrauensvotum an jedes Regime.

Vier Versuche,
die Familie Barnabas
zu rehabilitieren

Wie kann eine Familie erlöst werden, die sich selbst aufgegeben hat und dadurch die ganze Arbeit des Dorfes an der
Bezeugung der Schloßherrschaft auf sich genommen hat?

Vielleicht findet sie in dieser Aussätzigen-Situation eine
verborgene Genugtuung, die sie daran hindert, ihr Elend ab-
zustreifen; die selbstzerfleischenden Bittgänge des Vaters würden dafür sprechen.

Auch dann wiegt das Schicksal dieser Familie im Roman
schwerer als die Quartiersuche K.s. Ihn hat der Autor noch in
gleichsam testamentarischen Fragmenten bedacht, die Erlaubnis des Schlosses, im Dorf zu bleiben, für ihn erschrieben,
während die Ausgestoßenen vergessen sind und leer ausge-
hen.

Die Verlassenheit der Familie ist genauso unerträglich wie
die Prüglerszene im »Prozeß«, die nicht endet und der sich
Josef K. durch Türzuwerfen entzieht.

Hier befinde ich mich auf der untersten Stufe der Lektüre,
auf der Ebene der unmittelbaren Beteiligung, als hätte ich erst
an diesem Text das Lesen zu lernen. Ich kann den fehlenden
Ausgang für die Familie nicht akzeptieren.

Die vier Vorschläge, ihre Biographie zu ändern, deuten
unterschiedliche Glücksmöglichkeiten an.

Der erste ermöglicht es einem Dorfmitglied, sich zu solida-
risieren – allerdings nur als Mittler.

Der zweite bringt einen Ausgleich, verbleibt aber in der
Fatalität der Vorlage.

Nur der vierte ist eine Lösung, auch von Kafka.

I. Solidarität

Eines Morgens erschien Bertuch im Dorf, Lasemanns Frau hatte ihn durchs Fenster vorbeihinken sehen, der hohe Schnee machte das Gehen schwer. Hätte er seinen Stock nicht, wäre er kaum von der Stelle gekommen. Er bog in die nächste Gasse, hier war der Schnee schon weggeräumt, er kam gut vorwärts. An Brunswicks Haus blieb er stehen. Mit zwei Schritten stand er an der Tür und pochte.

»Herein, es ist nicht abgeschlossen«, sagte eine laute Männerstimme, in der Mißtrauen lag.

Bertuch drückte die Klinke – eine schöne Arbeit. Von solcher Art war auch das Gitter seiner Gärtnerei auf der schloßzugewandten Seite, die Schlosser hatten damals in der Gründungszeit die Hände voll zu tun, sie brachten Eisenrosen am Schloßgitter an, sie durften allerdings nur die Außenarbeiten verrichten, die Innenausstattung des Schlosses, die Kamingitter, die Lüster, die Truhen, Schürhaken, Aschenbecher führten die Schloßschmiede aus, ein italienischer Meister mit zwei Gesellen, die wahre Künstler sein sollten.

Nun, es war nicht Bertuchs Sache, das zu beurteilen, er war nie im Schloß gewesen; wenn es ihm manchmal glückte, einem Kutscher in voller Fahrt, einem vorbeieilenden Boten ein Radieschen in die Hand zu drücken, eine saftige Gurke im Sommer, war schon viel gewonnen, es war aber so selten gewonnen, daß es vielmehr einer Niederlage gleichkam, nur hatte er die Hoffnung nie ganz aufgegeben. In aller Frühe stand er jeden Morgen am Schloßtor und wartete, daß sich die Klappe hinter dem Gitter öffnete und ein Unterkastellan seine Produkte entgegennahm, schweigend, er sah nur eine ihm herausgereichte Hand, oft wollte man nichts von ihm.

Dieses Gitter war eine Filigranarbeit, das Werk des Dorfschmiedes, die junge Gardena hatte viel von diesem Gitter erzählt, sie war damals ein stattliches Mädchen, das hatte auch Bertuch gemerkt. Dann war sie fort, und die Dorffrauen gaben sich Zeichen mit den Ellenbogen, wenn er nach ihr

85

fragte; Gardenas Name wurde mit Flüstern weitergegeben, mit viel Gewichtigkeit wurde über sie gerätselt, alle waren schon an Gardenas Glück beteiligt, sie drängten sich förmlich um dieses Glück.

Nur Gardena sprach mit niemandem, ging stolz durch die Gerüchte. Ein paar Tage nur war sie fortgewesen, aber als wären es Jahre, so verändert kam sie zurück, so entrückt allem, was ihr noch vor kurzem bekannt gewesen war. Ein Tuch trug sie um die Schultern, das sie auch in der größten Hitze nicht ablegte; es begann, das Warten der Frauen damals. Für Gardena war es vorbei, nur das Tuch blieb, sie hielt daran fest, als wäre es das einzige, was ihr im Leben geblieben war.

Er war damals ein kräftiger Bursche, der ihrem Vater in der Schmiede hätte viel Arbeit abnehmen können, nur kam er selten ins Dorf, mit seinem Fuß war er nicht schnell genug. Sie wurde schon von Hans getröstet, dem unverständigen Jungen, der ihr keine Stütze sein konnte.

Ja, damals war Gardena die Auserwählte gewesen, doch wo sie vom Schloß begehrt war, hatte er mit seinem Klumpfuß wenig Hoffnung. Als sie durch Mizzi ersetzt wurde – oder war es eine andere? – und das erste, schmerzlichste Warten auf Klamm vorüber war, hielt sie noch heimlich nach einem Boten Ausschau, aber immer ungläubiger, immer müder, ihr Blick, für andere, für Bertuch, noch stark, war schon von Hoffnungslosigkeit ergriffen, mit einem solchen Blick konnte sie Klamm nicht mehr gewinnen. Bertuch hielt sich damals viel im Dorf auf, und doch entging ihm vieles, der junge, nichtige Hans zum Beispiel, aber der wäre bei seiner Unbedeutendheit auch anderen entgangen.

Anfangs trank er noch sein Bier im Brückenhof, die Wirtin alterte vor seinen Augen, früher so rüstig, hielt sie häufig die Hand auf ihr Herz, atmete schwer und sah in die Runde, als suchte sie die Ursache für ihr Leiden. Die Bauern rückten dann näher zusammen, senkten die Köpfe und schlürften ihre Suppe schweigend.

Verschont hatte es keinen, aber das waren alte Geschichten.

»Was wollt Ihr denn?« fragte Brunswick schon ungeduldig. Er hatte ein vor unterdrücktem Ärger gerötetes Gesicht, die Stimme schwankte, und Bertuch dachte erst, er hätte sich geirrt. »Na, Stiefel will ich, was denn sonst. Aber nicht von Euch, dem Gesellen, der Meister soll sie mir machen.«

Brunswick lachte auf: »Ihr sprecht mit dem Meister, und hättet Ihr Euch vor drei Jahren beeilt, hättet Ihr sie billiger haben können. Damals übernahm ich hier alles, seitdem bin ich der Meister.«

»Ich will den alten Meister, von dir will ich keine Stiefel flicken lassen geschweige denn neue gemacht haben. Der alte Meister soll sie mir nähen, der Instrukteur der Schloßfeuerwehr. Die Schloßfeuerwehr hat Manöver und der größte Schuster, der auch der größte Feuerwehrfachmann in diesem Dorf ist, wird dazu gerufen. Was dem Obmann nicht gestattet ist, das darf der alte Meister, nein, das muß er, denn ohne ihn wüßte die Schloßfeuerwehr nicht, was sie tun soll.«

»So wild wird es nicht sein«, entgegnete Brunswick unbehaglich. »Ihr kommt mit der Nachricht zu spät, der alte Barnabas kann nicht einmal aufrecht stehen, er repariert seit Jahren keine Schuhe mehr, er wird eine Feuerspritze von einem Schloßbeamten nicht unterscheiden können«, er lachte über seinen Witz. »Holt ihn nur, sagt ihm, er soll ins Schloß gehen, der größte Fachmann, hat man so was gehört«, er drehte sich zu seiner Frau, die am entfernten Ende der Stube im Sessel lehnte und an einem Kinderkleid stopfte. Sie blieb regungslos, dann sah sie auf, sah ihren Mann an und wandte sich wieder ihrer Arbeit zu.

»Nun, eine Spritze von einem Beamten zu unterscheiden ist nicht immer das Einfachste«, sagte Bertuch unbeirrt, »und es ist ein gutes Gleichnis, denn im Schloß ist nichts unmöglich, das wird Euch Eure Frau bestätigen können«. Sie machte eine ablehnende Kopfbewegung, als möchte sie nichts bestätigen, besonders nicht ihrem Mann.

Bertuch nickte einverstanden. »Und was die Stiefel angeht, reparieren wird er vielleicht keine mehr wollen, aber daß er mir aus alter Freundschaft neue näht, das möchte ich hoffen. Hier, dieses Stück Ziegenleder, seht Ihr, wie geschmeidig es ist, das hat mir der Unterkastellan gegeben, als ich beim letztenmal Gemüse brachte. Ich hatte vom Schloß nie eine Entlohnung bekommen, wozu auch, schon, daß sie es von mir nehmen, ist genug, aber diesmal sagte der Unterkastellan, hier ist etwas für dich, es liegt schon lange da, ich sah nur, daß deine Stiefel noch gut waren, jetzt im Winter kannst du aber neue brauchen.«

»Das Schloß hat dich also entlohnt, wahrscheinlich wollen sie mit dir nichts mehr zu tun haben«, sagte Brunswick schnell.

»Ob sie von mir was haben wollen, weiß ich nicht, aber sie haben meine bisherigen Dienste anerkannt. Außerdem haben sie mir damit einen Auftrag gegeben, den ich hier schon zur Hälfte erfüllt habe.«

»Ihr habt nichts erfüllt, nur Verwirrung gestiftet. Und wenn ich etwas von diesem Auftrag verstehe, dann, daß Ihr auf mich verwiesen worden seid.«

»Nicht auf Euch, sondern auf den Meister, der meine Stiefel machen wird, und das seid Ihr wahrlich nicht«, sagte Bertuch schon im Hinausgehen zu Brunswick, der ihm bis an die Schwelle gefolgt war, es war Sonne draußen.

II. Gnade (Laune)

Der Brief lag auf dem Tisch, ein abgewetzter Umschlag aus grobem, braunem Papier, umschnürt mit einem Strick, der in der Hülle Einschnitte hinterlassen hatte, der Name des Adressaten unleserlich und zudem fast zur Unkenntlichkeit ausgeblichen. Er erinnerte sie an nichts, an fast nichts, es war schon zu lange her, daß sie mit ihm zu tun hatten. Das Siegel der Schloßbehörde dagegen, mit dem gräflichen Wappen in der Mitte, einem Adler, der eine Schlange in den Fängen hielt – eine viel zu kleine Schlange übrigens, das siegreiche Auffliegen und Präsentieren der Beute war fast unverständlich bei einem so großen Tier –, war unversehrt und glänzte vor Schwärze.

Wann hatten sie es zum letztenmal gesehen? Es war so lange her, daß sie sich eher an ihren vergessenen Namen erinnerten als an diese hilflose Schlange, der Adler überraschte sie nicht, auf den waren sie förmlich gefaßt – wenn sie überhaupt darauf gefaßt waren, dieses Wappen so nahe vor Augen zu haben, nur für sie bestimmt. Auch in Zeiten ihres größten Ansehens im Dorf kamen Briefe nie, keine Aufträge, keine Mahnungen der Behörde, die kleinen Anweisungen erledigte der Dorfvorsteher, die noch kleineren der Lehrer, im Vorbeigehen, mündlich, aber es war schon lange niemand vorbeigekommen. Schon drei Jahre lebten sie ohne Mahnung.

Sie waren jetzt allein mit diesem Siegel, woher sollten sie die Kraft nehmen, den Knoten zu lösen, den vergessenen Namen anzunehmen, – für einen Augenblick vielleicht nur, ehe er ihnen durch den Brief endgültig aberkannt wurde –, sie waren schwach geworden, sie wollten sich zu keiner Identität, zu keinem Namen mehr anspannen, es genügte, nach dem Jüngsten, dem Unschuldigsten von ihnen zu heißen, sie brauchten einen Namen so selten.

Der Brief war lange unterwegs gewesen, in dem alten Haus, das Brunswick übernommen hatte, möglicherweise liegengeblieben – wer hätte auch auf ein amtliches Schreiben verzichtet, jeder mußte der Ausstrahlung des Stempels erliegen, den Adressaten vergessen. Die Schrift konnte sich neben diesem Glanz nicht bewahren, der Name verflüchtigte sich, bis für Brunswick nur das Siegel blieb.

Er ließ den Brief ungeöffnet, es war kein Brief zum Öffnen; nur der Umschlag zählte.

Vielleicht kamen ihm eines Tages Zweifel, vielleicht hatte er sich an dem fremden Brief sattgesehen. Er gönnte ihn dem Adressaten immer noch nicht, er dachte schon, der alte Schuster sei gestorben, dann hatte ihn wieder jemand auf der Straße taumeln sehen; die Bittgänge des Schusters waren sprichwörtlich geworden – wie der alte Barnabas, sagten die Dorfleute, den richtigen Namen wußte keiner mehr oder mochte keiner wissen. Brunswick behielt ihn für sich, eigentlich war er auf dem Umschlag auch nicht mehr zu entziffern.

Er hatte den Brief eines Abends zum Dorfvorsteher getragen und unter dessen Tür durchgeschoben. Es war nicht ausgeschlossen, daß er dort verloren ging, durch unachtsames Türöffnen, oder mit dem Fuß weggeschoben zu anderen Akten, die auf dem Boden lagerten, geriet, er konnte in einen Schrank verschlossen werden. Und wenn der Adressat ihn doch bekam, was war zu verlieren? Die Kräfte, um Brunswick aus dem Haus zu jagen, die Kundschaft wieder an sich zu ziehen, hatte der Alte nicht mehr.

Vielleicht hatte er, Brunswick, gegen behördliche Entscheidungen verstoßen, vielleicht aber nur eine große Unvorsichtigkeit verhindert. Die Beamten konnten ja nicht immer alle Umstände überblicken, dazu war die Zusammenarbeit vieler Abteilungen nötig, und ein so unbedeutender Fall wie der der Schusterfamilie konnte leicht voreilig entschieden werden. Aber vielleicht ging es um die Angelegenheiten dieser Familie gar nicht, vielleicht ging es vielmehr um seine, um Brunswicks Angelegenheiten, der Name war ja undeutlich, das Haus aber, Alte Bleiche, war nach wie vor leserlich, und es war seine, Brunswicks Adresse. Und wenn er den Brief nicht geöffnet hatte, war es schließlich seine Sache. Schwach ist man, daran ändern die stärksten Erlässe nichts. Er hätte den Brief schon längst loswerden müssen, es schauderte ihn, wenn er an seine Kühnheit dachte. Und wenn inzwischen weitere Briefe an den alten Schuster im Umlauf waren, mit Nachfragen? Und eines Tages würde es an den Tag kommen, daß er eine wichtige Botschaft des Schlosses verzögert hatte – ja, nur verzögert, nicht wirklich verhindert, denn wenn auch mit etwas Verzögerung (war es vielmehr nicht erst jetzt die rechte Zeit, den Adressaten zu berücksichtigen, wo er bisher nur die Adresse beachtet hatte?) – so hat er den Brief endlich in die richtigen Hände geleitet. Der Dorfvorsteher wird schon die notwendigen Schritte wissen, den Brief zustellen zu lassen, in die zerfallene Kate, wo möglicherweise kein sauberer Ort zum Hinlegen des Briefes zu finden war, in Dunkelheit und Abwesenheit aller, aber sie sind ja immer drinnen verkrochen, man möchte daran gar nicht denken!

Der Brief liegt da, sie stehen um den Tisch herum, schüchtern, erschrocken blicken sie auf das Wappen, aber auch der Knoten wird mit Ehrfurcht betrachtet, die alte Adresse mit Verwunderung buchstabiert, der Familienname mühsam erkannt. Der Vater nähert sich schlurfend, die Verzweiflung der Jahre, die Entbehrungen trägt er mit sich, er greift auf den Tisch, ohne den Brief zu erreichen. Olga nimmt den Brief, der an den Rand gerutscht ist, zieht die gekreuzten Bindfäden auseinander und faltet den Umschlag auf. »An . . .«*, sie liest laut den Namen der Familie und sieht sich im Kreis um, sieht jeden einzelnen an – den zitternden Vater, Barnabas, der wieder zu einem Kind geworden ist, Amalia, die am entferntesten steht und ihr Bild in der Fensterspiegelung unbewegt anschaut, die kranke Mutter, die sich vom Bett nicht mehr erheben kann, wie sie erschaudert, die Augen aufreißt und horcht – herein, sagt sie mit einer erhabenen Stimme, wie früher, wenn sie Besuche empfing, immer etwas herrscherisch.

Der Vater hat den Brief schon ergriffen und versucht nun mit den gichtigen Händen nochmals den Knoten zu lösen, der sich am Rande des Briefes verfangen hat, und als Olga und Barnabas ihm helfen wollen, zuckt er mit dem Umschlag zurück – das ist mein Brief! Er starrt auf das Geschriebene, sucht

---

* hier setzen Sie den Namen Ihres Vaters ein – des Alkoholikers, verirrten Parteimitglieds –, dem Sie nach drei Jahrzehnten endlich verziehen haben.

nach einem Grund, aus dem er es verstehen könnte, er macht
einzelne Wörter aus, liest sie mehrfach und findet zuletzt eine
Botschaft, die für ihn vor Jahren aufgegeben wurde.

»Sie sind als dritter Instrukteur der Schloßfeuerwehr angenommen. Sortini.«

III. Anpassung

Gräfliche Landpost

Amalia B. schwanger!

IV. Fortgehen

In der Frühe, es ist noch dunkel, steht Olga mit dem am
Vorabend gepackten Bündel in der Tür und horcht auf die
Schlafgeräusche der Familie. Draußen graut es schon. Die
Madeleinegasse liegt in tiefem Schweigen vor ihr, kein Licht
fällt hinein. Sie zieht die Tür hinter sich zu, ein paar Schritte
vom Haus sieht sie am entfernten Dorfende ein Licht; das
wird Gerstäcker sein, der anspannt. Sie biegt zu Lasemanns
ein, schreitet an ihnen vorüber und an der Schule. Aus dem
Schuppen des Gemeindehauses ragt der alte Feuerwehrwa-
gen halb heraus und versperrt den Weg. Sie sieht den Vater
darauf, wie er früher war, wenn er sie hochhob und lachte.

Sie ist schon weiter, sie läßt sich nicht aufhalten. Die letzten
Häuser sind erreicht, in dieser Richtung ist das Dorf kurz. Aus
dem Brückenhof hört sie Gardenas erbärmliches Husten – wie
lange kennt sie es schon?

Auf der Brücke, die auf die Landstraße führt, dreht sie sich
um. Die Dorfhäuser liegen deutlich umrissen da, kein Schloß
weit und breit. Die Knechte im Pferdestall, die Geschwister
und Eltern hat sie hinter sich gelassen. Sie wendet sich ihrem
Weg zu, der blühenden und staubigen Apfelbaumlandschaft
der Chaussee, – she's leaving home, bye bye.

II
BORGES

Phantastische Systematik

In seinem Essay »Die analytische Sprache John Wilkins'«[1] erwähnt J. L. Borges eine chinesische Enzyklopädie, in der die Tiere wie folgt eingeteilt sind:

a) Tiere, die dem Kaiser gehören
b) einbalsamierte Tiere
c) gezähmte
d) Milchschweine
e) Sirenen
f) Fabeltiere
g) herrenlose Hunde
h) in diese Gruppierung gehörige
i) die sich wie Tolle gebärden
k) die mit einem feinen Pinsel aus Kamelhaar gezeichnet sind
l) und so weiter
m) die den Wasserkrug zerbrochen haben
n) die von weitem wie Fliegen aussehen

Diese faszinierende Einteilung hat u. a. Michel Foucault angeregt, seine »Archäologie der Humanwissenschaften« – das Buch »Les mots et les choses« zu schreiben. In der deutschen Borges-Ausgabe fehlt die Kategorie j) innumerables (dieser Fehler wurde auch für die deutsche Übersetzung von Foucault übernommen).[2]

Mit der nachgetragenen Kategorie verstärkt sich, nach dem ersten Eindruck einer undurchdringlichen Magie der Worte, ein Zweifel an der gegenseitigen Verträglichkeit, an der Organisation der Reihen; es beginnt das Tasten nach einem Oberbegriff, der in die Aufteilung mehr gewohnte Logik bringen würde.

Die Bestimmung »unzählige« könnte den anderen als Faktor vorangestellt werden, könnte die Menge aller bedeuten.

Aber seine größere Mächtigkeit verschafft diesem Begriff keinen erhöhten Platz; er steht in einer Reihe mit den übrigen.

Wenn unter den einzelnen Bezeichnungen die Spur einer Hierarchie zu erblicken ist, liegt sie weniger in den Unterschieden des Reichtums an semantischen Valenzen, als vielmehr in der sozial bestimmten Eindeutigkeit, die die Kategorien mitteilen. »Tiere, die dem Kaiser gehören« haben zweifellos den höchsten Grad sozialer Bestimmtheit – wenn der Buchstabe a) für die chinesische Aufteilung etwas besagt.

Für die übrigen Bestimmungen läßt sich keine deutliche Rangfolge feststellen. Spätestens bei »herrenlosen Hunden« fällt auf, daß die Tiere, »die mit einem ganz feinen Pinsel aus Kamelhaar gezeichnet sind«, kaum durch ein Werturteil nachstehen können, es sei denn, daß hier die ausdrückliche Freiheit der lebendigen Tiere höher bewertet wird, aber das ist eine unwahrscheinliche Schätzung in einem Reich.

Deutlicher als die Wertunterschiede treten zwischen den Gruppen thematische Verknüpfungen hervor, aus denen sich eine Charakteristik der Aufteilung entwerfen läßt: Die Anatomie der Tiere ist ohne Bedeutung; es wird nichts gesagt über ihre Augen, ihre Krallen – wenn es auch Sirenen und Fabeltiere gibt –, es werden nicht Tiere genannt, »die rotes Blut haben« oder »deren Augen leuchtende Kristalle sind«. Solche Beispiele sind bildhaft, und diese Enzyklopädie braucht sie nicht. Es gibt kaum Hinweise auf das Aussehen der Tiere; Tiere, die wie Fliegen aussehen, sehen so »von weitem« aus: Die Taxierung kann auf ihren Bewegungen, ihrem Verhalten beruhen, wie bei Tieren, »die sich wie Tolle gebärden« oder »die den Wasserkrug zerbrochen haben«.

Jeder solchen Einschätzung geht eine Beobachtung voran, der Eindruck, der Schein, den die Tiere erwecken – wie Tolle, wie Fliegen –, es liegt an dem Beobachter, welche Bezeichnung er wählt. Der Mensch ist in die Tierkategorien einbezogen. Er hinterläßt Spuren seiner Tätigkeit an den Tieren, die dann nach diesem menschlichen Eingriff benannt werden – »einbalsamierte«, »gezähmte«. Er ist auch der Besitzer, der Schöpfer. Die Taxinomie drückt seine Beziehung zu den Tieren aus, seine Vorstellungen über die Beziehungen der Tiere zu ihm.

Es gibt keine tierische Eigenschaft als Kriterium für diese Aufteilung, keine Autonomie der Tiere; die ausführlichste Beschreibung gilt einem Pinsel.

Die Tiere selbst sind Artefakte, nicht nur die Phantasiegeschöpfe; auch die lebendigsten, die wie der Mensch Spuren hinterlassen, besitzen in der Vorstellung als Zeichen nichts mehr als ein paar Scherben. Es können Siebenschläfer sein oder andere kleine Nachttiere, die, von den Bauern nie deutlich gesehen, an der Grenze des Phantastischen als Kobolde geistern, Töpfe umwerfen, ihr »*Unwesen*« treiben.

Die chinesische Enzyklopädie katalogisiert nicht die Tiere, sondern die menschliche Attitüde zu ihnen, Vorstellungen und Aktivitäten, die sich über den Umgang mit Tieren auf Rituale und Mythologien erstrecken, aber genauso auf die bäuerische Wahrung des Hausstandes. Zusammen vermitteln sie eine authentische Version der Gesellschaft.

Die Kategorie »in diese Gruppierung gehörige« fügt dieser Aufteilung eine weitere Dimension zu, sie sprengt den Rahmen der Aufzählung nach bestimmten Merkmalen, auch fiktiven, indem sie als eine Zuordnung ohne Merkmale auftritt: als Summe aller »in diese Gruppierung gehörigen« Merkmale, die keinen anderen Bezug haben als diese Gruppierung, die keine andere Bestimmung hat als diese Merkmale.

Diese in sich kreisende Selbstgenügsamkeit einer Benennung, die immer wieder auf sich weist, ohne äußere Bezüge, durchlässig für beliebige Inhalte, weist letzten Endes auf die Insuffizienz der Sprache hin, angesichts der Aufgabe, die unermeßliche Fülle von Phänomenen mit ihren Wesensmerkmalen und ihren Beziehungen untereinander verbindlich zu erfassen.

Was in jener Enzyklopädie noch als Spiel, als altchinesisches Paradoxon aufgefaßt werden konnte, wiederholt sich in der modernen Systematik schon deutlich als Sprachmangel: In der Insektenkunde[3] bleibt am Ende einer Reihe von »Bachhaften«, »Fanghaften«, »Staubhaften«, »Landhaften« als Inbegriff der ganzen Ordnung *Planipennia* nur »Hafte« stehen (= »in diese Gruppierung gehörige«). Nach diesen erscheint die vorangehende Ordnung unerwartet konkret und detailhaltig: »Kamelhalsfliegen«, im Kontext der heimischen Fauna ohne Kamele wie eine welterfahrene Plage – wie Pest, Laus, Floh. Diese Insekten leben jedoch nicht an Kamelhälsen, sondern haben einen verlängerten Thorax – »kamelhalsartig«. Auch sind sie keine Fliegen (aber »sehen von weitem wie Fliegen aus«).

Es gibt noch weitere Übereinstimmungen: Das hereinfallende entomologische Beispiel »Kamelhalsfliegen« verbindet in seiner Wortzusammensetzung die zwei einzigen in der chinesischen Enzyklopädie eindeutig vorhandenen Tierarten, die selbst nicht ausdrücklich eingeordnet werden, sondern durch ihr festes Dasein der Bestimmung anderer Tiere dienen, derer, »die von weitem wie Fliegen aussehen« und »die mit einem ganz feinen Pinsel aus Kamelhaar gezeichnet sind«.

Für einen Vergleich stehen auch »Tolle« zur Verfügung – eine humane Kategorie, die wieder die sozialen Verhältnisse deutlicher erklärt als die Tiergruppierungen.

Die Korrespondenz zwischen der Bestimmung »Hafte« und »in diese Gruppierung gehörige« ist die überraschendste, zumal diese chinesische Kategorie von Anfang an die Fremdartigkeit der Enzyklopädie am stärksten vermittelt.

In ihrem Kontext bedeuten »Hafte« lediglich soviel wie »Merkmalhaltige«, ohne einen Hinweis darauf, um welche Merkmale es sich handelt. »Bach«-, »Staub«-, »Fang«-, »Land«-hafte sind keine ausreichenden Informationen zur Bestimmung der Nicht-Fliegen, sie deuten nicht einmal darauf hin, daß es Insekten sind.

In derselben Ordnung gibt es auch »Schwammhafte«, die

98

keinen Schwämmen ähneln, sondern deren Larven in die Süßwasserschwämme eindringen und sich von ihnen ernähren. Im genauen Gegensatz zu den »Kamelhalsfliegen« bezieht sich hier die Bezeichnung nicht auf das Aussehen der Insekten (dort kamelhalsartige Vorderbrust), sondern auf den Wirt ihres Larvenstadiums.[4]

Etymologisch ließe sich diese Bestimmung eher aus einem Zusammenhang mit dem Verb »haften« – »anhaften« erklären als mittels der allgemeinen Endung -hafte, die nur ein vager Hinweis auf ein Vorhandensein von Merkmalen ist.

In der Sprache spiegeln sich die Inkonsequenzen des Denkens wieder. Wenn in einem System kein Benennungsprinzip durchgehalten werden kann, ist die Verbindlichkeit, die Verständlichkeit dieses Systems begrenzt, und die Orientierung, die es geben soll, ist nur ein Weg, die Dinge zu sehen, eine Interpretation.

Die Kategorie »Hafte« weist darauf hin, daß es Unterschiede und Ähnlichkeiten zu vergleichen gibt, nur werden sie nicht erwähnt.

Die Fülle beziehungsfreier Merkmale, als Absenz jeglicher konkreter Bestimmung aufgefaßt, läßt für diesen Moment die Bezeichnung »Hafte« und »in diese Gruppierung gehörige« verschmelzen. Darüber hinaus hat die chinesische Kategorie innerhalb ihres eigenen Kontextes weitere Funktionen:

Durch sie setzt die Zäsur an zwischen der linearen Aufzählung der Tiere und der retardierenden Feststellung der Art dieser Tätigkeit als Gruppieren, als Ordnen. Hier wird sich der Verfasser seiner Arbeit bewußt. Er gewinnt Abstand, indem er die Kategorie nennt, nicht die Tiere. Die abstrakte Dimension, die dadurch der Aufzählung zugefügt wird, beschränkt sich nicht auf diese Kategorie, sondern macht sich auch in allen nachfolgenden Kategorien bemerkbar, besonders deutlich bei »unzählige« und »et cetera«, die genauso abstrakt sind wie die zentrale Benennung »in diese Gruppierung gehörige«, aber nicht ihre durchschlagende Wirkung besitzen. Sie sind durch stereotype Anwendung desselben

Prinzips entstanden, als Derivate, die den Prozeß der Verfremdung in der angegebenen Richtung weiterführen, ohne ihn abändern zu können.

Der reflektive Charakter der zentralen Kategorie bestimmt das weitere Tempo der Aufzählung; die Linie der »konkreteren« Bezeichnungen verlangsamt sich, indem hier Tiere umständlich durch wesensfremde Momente – einen Pinsel, einen Krug – ihre Realität erhalten.

In diesem abstrakteren Teil der Aufzählung ist der ordnende Mensch deutlich präsent, er löst sich in den Kategorien mit den geordneten Tieren ab, die vergleichenden Elemente haben eine reguläre Aufteilung in menschlich und tierisch, künstlich und natürlich, wobei auch das Natürliche durch die Wahl des Enzyklopädisten bestimmt ist.

Zwischen den vierzehn Kategorien der Aufzählung läßt sich ein Schema erblicken – oder mehrere. Wenn die Kategorie h) »in diese Gruppierung gehörige« als zentral genommen wird, bilden sich beiderseits zwei mehr oder weniger abgeschlossene Gruppen. Wenn sie als Teil der zweiten Gruppe gilt, ergeben sich zwei Gruppen zu je sieben Kategorien, die unter sich paarweise verbunden sind: Nach der Kategorie h) folgen zwei weitere abstrakte Kategorien, zwei Vergleiche (über »wie«), zwei Bestimmungen durch fremde Gegenstände. In der ersten Hälfte sind zwei Tiergruppen nach einer menschlichen Tätigkeit benannt, zwei Kategorien bezeichnen phantastische Wesen, zwei drücken Besitzverhältnisse aus. Eine Kategorie bildet den Übergang zwischen zwei Paaren – d) in Hälfte I, kann aber auch als selbständiges Paar mit der vorangehenden Kategorie c) gelten; eine ist Oberbegriff für ein von ihr abgeleitetes Paar – h) in Hälfte II.

In der Übersicht wird die Unterschiedlichkeit der beiden Gruppen deutlich: die zweite Hälfte hat einen höheren Abstraktionsgrad und ein langsameres Tempo, ihre Kategorien sind allgemeiner, meist länger und ausführlicher als die der ersten Hälfte.

I.

a)	Tiere, die dem Kaiser gehören	a)	alleiniger Besitzer
b)	einbalsamierte Tiere	b)	Objekte menschlicher Tätigkeit; abgestorben
c)	gezähmte	c)	Objekte menschlicher Tätigkeit; lebendig
d)	Milchschweine	d)	evtl. Objekte menschlicher Tätigkeit – gezüchtete, oder Phantasiegeschöpfe; direkt genannt; lebend
e)	Sirenen	e)	phantastische, (evtl. real – Meeresbewohner, Dugong) direkt genannt
f)	Fabeltiere	f)	phantastische; nur in Fabeln lebend
g)	herrenlose Hunde	g)	kein Besitzer; direkt genannt; konkret

II.

h)	in diese Gruppierung gehörige	h)	abstrakt; Bezug auf die hier ausgeübte Tätigkeit des Gruppierens
i)	die sich wie Tolle gebärden	i)	Vergleich (über »wie«); Verhalten wie Menschen
j)	unzählige	j)	abstrakt; kann jeder Kategorie vorangestellt werden
k)	die mit einem ganz feinen Pinsel aus Kamelhaar gezeichnet sind	k)	durch Gegenstand bestimmt; Objekte menschlicher Tätigkeit; Aufbewahrung
l)	et cetera	l)	abstrakt; kann jeder Kategorie nachstehen
m)	die den Wasserkrug zerbrochen haben	m)	durch Gegenstand bestimmt; tierische Aktivität, Zerstörung (eines Aufbewahrungsmittels)
n)	die von weitem wie Fliegen aussehen	n)	Vergleich, Aussehen wie Tiere, indirekt, konkret

Neben diesen internen Beziehungen gibt es Verbindungen zwischen den Hälften; Korrelationen, Symmetrien, die das gesamte System festigen. (Einige Zusammenhänge, die sich schon im ersten Plan aus dem Kontext ergeben, sind in der Originaltabelle links angedeutet.) Es können immer kompliziertere Gefüge gebildet werden, in denen sich schließlich jede Kategorie mit jeder verknüpfen läßt. Naheliegend ist dies für die Abstrakta, aber auch die erste Kategorie der Aufzählung »Tiere, die dem Kaiser gehören« kann sich auf einer anderen Ebene, aufgrund einer »Ideologie«, auf alle anderen beziehen.

Verglichen mit der chinesischen Kategorie »in diese Gruppierung gehörige« bezeichnet die entomologische Kategorie »Hafte« kein so breites Spektrum von Bedeutungen, sie macht aber ebenfalls auf den Systemcharakter ihres Kontextes aufmerksam. Sie drückt keine innere Zusammengehörigkeit ihrer Partiierungen aus, auch keine sprachliche; die Endung -hafte ist die systematische Endung par excellence, sie beschränkt sich hier keinesfalls auf diese Ordnung – schon in der nachfolgenden *Mecoptera* heißen die ersten zwei Familien »Winterhafte« und »Mückenhafte«, während unter den »Haften« selbst sich auch »Ameisenjungfern«, »Blattauslöwen«, »Florfliegen« bzw. »Goldaugen« befinden – alles Namen, die es in ihrer mikroskopischen Buntheit mit der Phantastik der chinesischen Enzyklopädie aufnehmen können.

Die Bezeichnung »Hafte« vermittelt keine näheren Kenntnisse des Bezeichneten, weist aber auf seinen Platz in einem System hin, wo es aufgrund seiner wenig differenzierten Bezeichnung eine Randposition hat, die aus keiner Besonderheit der betreffenden Phänomene resultiert, sondern aus ihrer späten Benennung im Rahmen eines schon bestehenden Systems.

Diese sprachliche Randposition könnte in einem anderen Kontext, aufgrund anderer Kriterien der Benennung, einer anderen Gruppe zugewiesen werden, die bisher »Hafte« genannten bekämen eine festere, verbindlichere Benennung, und jene andere Gruppe würde nun mangels geeigneten sprachlichen Materials sekundäre Merkmale erhalten, die es den Systematikern erlaubten, den sprachlichen Boden des Systems unangetastet zu lassen, indem sie für die neue Gruppe schon besetzte, dem System einverleibte Merkmale verwenden, die auf andere Gruppen verweisen (-hafte), statt ihr eigene Merkmale einzuräumen.

Solche Beziehungen zweiten Grades sind eine notwendige und allgemeine Eigenschaft sprachlicher Systeme. Ein klassisches Beispiel ist die frühere Teilung des Periodensystems in Metalle und Metalloide, wobei mit »Metalloide« die Nichtmetalle bezeichnet wurden – nicht vom Material, von den Elementen erzwungen, sondern von der Sprache.

Dazu findet sich bei Borges ein weiterer Hinweis: »Es ist verwegen zu denken, daß eine Koordinierung von Worten (nichts anderes sind die Philosophien) mit dem Universum große Ähnlichkeit haben sollte. Verwegen ist es aber auch zu denken, daß von diesen erlauchten Koordinierungen nicht eine – vielleicht nur auf infinitesimale Weise – ihm ein wenig mehr ähnlich sehen sollte.«[5]

Die sprachlichen Systeme haben ein anderes Prinzip als das Natürliche System der Arten, welches durch die Last der Funktionen und den damit verbundenen Erhaltungswert der Eigenschaften begrenzt ist. Wenn wir wüßten, welche Lasten der Bedeutung die Benennungen zusammenzwingen, dann wären die Systeme vergleichbar und die Evolution der sprachlichen Systeme wäre so gut erfaßbar wie die der Tiere.

Die Bezeichnung »Hafte« hat in der einen oder anderen Form jedes System parat, für den Fall einer zusätzlichen Einordnung von Elementen, die mit dem charakteristischen Merkmalsvorrat des Systems erfaßt werden sollen (z. B. Lanthanoide als gesonderte Gruppe im Periodensystem). Die Tendenz, so wenig wie möglich zu ändern, entspringt dem zentripetalen Zug des systematischen Denkens, dem Unwillen, das Bestehende durch weitere Merkmale ausufern zu lassen. Die Einführung neuer Begriffe bzw. neuer sprachlicher Topoi relativiert die Fundamentalität der bereits eingeführten Begriffe, deckt ihre Lückenhaftigkeit in bezug auf den Gegenstandsbereich, der sich täglich erweitert, auf.

Mehr Termini bedeuten, daß das System an Rückbezügen ärmer und hinsichtlich der erforderlichen Gedächtnisleistungen anspruchsvoller ist.

Die Bezeichnung »Hafte« bringt nichts Neues, sie baut sich aus Resten partieller Benennungen auf, ohne die Rückbezüge weiter zu unterteilen. Da diese Reste aus der gleichen allgemeinen Endung bestehen, sind hier die Rückbezüge genauso allgemein, ohne einen konkreten Hinweis zu liefern. Die Bezeichnung »Hafte« ist kein intelligibler Terminus.[6]

Borges hat beide Extreme aufgezeichnet: die steigende Armut an konkreten Bezügen in den Kategorien der chinesischen Enzyklopädie – mit der zentralen Kategorie »in diese Gruppierung gehörige«, die durch ihre Modellhaftigkeit zum kritischen Vergleich mit aktuellen Benennungssystemen anregt –, und am anderen Ende den fast vollständigen Verlust der Abstraktion, wie auch des Schlafes und der Ruhe unter dem fortwährenden Anprallen von Eindrücken und Einzelwahrnehmungen, die das unerbittliche Gedächtnis Ireneo Funes' mit aller Klarheit speichert »wie eine Abfalltonne«.[7]

»Tatsächlich erinnerte Funes sich nicht nur an jedes Blatt jedes Baumes in jedem Wald, sondern auch an jedes einzelne Mal, da er es gesehen oder sich vorgestellt hatte. . . .

Nicht nur machte es ihm Mühe zu verstehen, daß der Allgemeinbegriff »Hund« so viele Geschöpfe verschiedener Größe und verschiedener Gestalt umfaßt; es störte ihn auch, daß der Hund von 3 Uhr 14 Minuten (den er im Profil sah) denselben Namen führen sollte, wie der Hund von 3 Uhr 15 Minuten (den er von vorn gesehen hatte). Sein eigenes Gesicht im Spiegel, seine eigenen Hände überraschten ihn immer wieder.« (S. 238)

Diesem Gedächtnis entspricht ein »Zahlensystem«, das Funes sich ausgedacht hatte aus der Weigerung heraus, die vielfältigen Bezüge, in denen sich die Zahlen untereinander befinden, wahrzunehmen. In seinem Projekt löste er sie aus diesen Bezügen und setzte sie als Einmaligkeiten fest, indem er jeder einen eigenen Namen gab. Das Ergebnis ist ein Antisystem, eine unendliche Reihe von Namen für die natürliche Zahlenfolge:

»Anstatt siebentausend und dreizehn sagte er (zum Beispiel) ›Máximo Pérez‹; anstatt siebentausend und vierzehn ›Die Eisenbahn‹. Andere Zahlen waren ›Luis Melian Lafinur‹, ›Olimar‹, ›Schwefel‹, ›der Walfisch‹, ›das Gas‹, ›der Dampfkessel‹, ›Napoleon‹, ›Augustin de Vedia‹. Anstatt fünfhundert sagte er neun.« (S. 238)

Der Eindruck, den diese Aufzählung macht, erinnert an die Fremdartigkeit der chinesischen Enzyklopädie, besonders die beiden exponierten Stellen der Reihen, die Kategorie »in diese Gruppierung gehörige« und das einzige sichere Paar, das Borges von Funes' Allegorien erinnert – »anstatt fünfhundert sagte er neun«. Die erste Bezeichnung weist darauf hin, daß es in ihrem Kontext um das Gruppieren geht, die zweite, daß es Zahlen sind, die hier aus ihrem Zusammenhang herausgerissen werden.

Die chinesische Enzyklopädie und Funes' unendliches Zahlenvokabular bezeichnen zwei Pole des systematischen Denkens. Die Kategorie »in diese Gruppierung gehörige« sabotiert den hierarchischen Ordnungscharakter, indem sie einen nicht näher bestimmten Typus von Gegenständen unter sich faßt und dadurch den Vergleich mit anderen Klassen aufhebt. Die moderne Bezeichnung »Hafte« scheint den Vergleich zuzulassen, es geschieht aber auf eine so allgemeine Art – als Vergleich schlechthin –, daß daraus ebenfalls keine Beziehung der Klassen resultiert: alle Vergleichsmomente werden von den bezogenen Gliedern gestiftet, den jeweiligen Fanghaften, Staubhaften . . . usw. (»Anstatt fünfhundert sagte er neun«

kann u. U. hierher gehören als die einzige Ausnahme innerhalb Funes' Denken).

In diesen beiden Fällen fehlt die Gleichordnung, die Beziehung zwischen den Klassen. Im Gedächtnis Ireneo Funes'
fehlt die Unterordnung, die Beziehung zwischen Glied und
Klasse. Alle Merkmale sind einmalig und gleichrangig.[8]

Durch die ins Unendliche fortschreitende Reihe unabhän-
giger Namen, die ihrerseits eine zweite Reihe von Merkzeichen für die richtige Zahlenfolge erfordern (»Jedes Wort hatte
ein eignes Sinnbild, eine Art Merkzeichen; die letzten waren
sehr kompliziert . . .«) und die so fort ins Unendliche weitere
unendliche Rückversicherungsketten nach sich ziehen würden, wird das systematische Prinzip pervertiert: hier wird eine
Zahl durch eine unendliche Menge anderer Daten bestimmt,
während der Sinn der Systeme sich in ihrer integrierenden
und unterordnenden Funktion erfüllt, alle entsprechenden
Daten unter einem Begriff zusammenzufassen.

Die anwachsende Sequenz gleichrangiger Glieder, die im
(Dezimal-)System periodische Grenzen und Wiederholungen
auf höherer Stufe findet, ist hier nicht nur horizontal, in einer
Linie, sondern durch die Rückversicherungen, durch Merkzeichen der Merkzeichen, auch vertikal uferlos; sie würde
neben einem unendlichen Zeitaufwand eine unendlich poten-
zierte Gedächtnisleistung erfordern, von der auch Ireneo
Funes, der nach eigener Schätzung mehr Erinnerung hat »als
alle Menschen zusammen je gehabt haben, solange die Welt
besteht«, nur einen Bruchteil aufzubringen vermag. Diese
Mühe wäre auch sinnlos. Einen Sinn würde sie bekommen,
wenn sich aus der Menge unzusammenhängender Vokabeln,
aus dem Stammeln loser Laute und Namen eine Verbindung
herausschälen würde – analog der Verbindung von Parallelen
im Unendlichen –, die über die unzähligen Einzelheiten hinaus auf einen Zusammenhang hinweisen würde – auf ein
System.

Portrait
aus mythischen Konnexionen

Die Welt des Ireneo Funes in der Erzählung »Das unerbittliche Gedächtnis« gleicht einer randlosen Fläche, einer Schutthalde von Eindrücken, die sich zu keinem Begriff, zu keiner einheitlichen Benennung zusammenfügen lassen. Die einzelnen Schauobjekte – ein Hund, die Blätter im Wald, seine Hände – zerfallen in unzählige Facetten, von denen jede das Objekt als ganzes und als einmaliges repräsentiert. Er sieht so viele Hunde, wie er je einzeln gesehen hat – nicht in Tagen und Wochen, sondern in den Sekunden des *Nystagmus*.

Vor dem unaufhörlichen Aufprallen der Reize flüchtet er in die Dunkelheit seines Zimmers, im Nicht-Sehen versucht er, der Rätselhaftigkeit von Mustern, den Rissen in der Wand, den Grautönen unzähliger Dämmerungen zu entfliehen; er hört aber Schritte und das Anstoßen an Gegenstände, entferntes Hundegebell, das Rieseln im Gemäuer, riecht die Feuchtigkeit seiner Zimmerdecke, die Windstöße von der Pampa, spürt die wechselnde Kühle und Stickigkeit, das Rauschen seines Blutes, merkt es sich jeden Tag, jede Sekunde, für immer.

Durch die Einmaligkeit, durch die Anarchie seiner Eindrücke ähnelt ein Ausschnitt seiner Welt einem naiven Gemälde – ohne Perspektive, ohne abstrahierende Techniken, alle Details sind gleichwertig und plastisch; ein Blatt bedeutet so viel wie ein Baum. Aber sein Gedächtnis ist konsequenter darin, daß auch jede Komposition – Voraussetzung eines Gemäldes – fehlt, vor allem der einschließende Rahmen; es gibt keine Ausschnitte in Funes' Gedächtnis. Die vage Möglichkeit eines Vergleichs beruht auf der virtuellen Gleichordnung aller ins Gedächtnis, ins Bild aufgenommenen Details; die naiven Maler sind ihren Wahrnehmungen aber nicht so hilflos ausgeliefert wie Funes.

Die Möglichkeit einer Selektion der Eindrücke um eines Bildes, einer Geschichte willen, die ein Trost für Funes wäre und eine mögliche Aufbewahrung seines universalen Gedächtnisses darstellte – als Erfahrung, als Warnung für die Nachkommen – ist in Funes' Realität nicht gegeben. Für die Realität der Erzählung, in der auch Funes' Realität einzig gegeben ist, ist sie Voraussetzung. Erst durch die Auswahl aus Funes' Eindrücken, in der Aufzählung von Beispielen, wird ihre unendliche Menge deutlich und Funes' Qual sichtbar.

Diese Unendlichkeit der Erinnerungen Ireneo Funes' offenbart sich als Resultat einer Reduktion. Durch Benennungen werden aus einer fließenden Gesamtheit namenloser, gleichgültiger Geschehnisse Elemente herausgerissen, die durch ihre Singularität bedeutsam werden und in ihrer Wahllosigkeit als zugehörig zu einem unendlichen Vermögen erkennbar sind. Der numerische Verlust ist ein semantischer Gewinn: erst in ihrer Unterschiedlichkeit, in ihrer gegenseitigen Spannung, werden die Dinge signifikant; das ursprüngliche Universum hatte in seinem fließenden Zustand keine Bedeutung, weil es in nichts Konkretem Grenzen hatte.

Funes' Gedächtnis als ein kaum gelichtetes Substrat, ein Reservoir von unbenannten Bedeutungen kann als Andeutung eines welterschaffenden Potentials des Mythos gelten. Die Geschichte Ireneo Funes' weist mythische Züge auf.

Funes ist lahm; durch einen Sturz vom Pferd hatte er mit neunzehn Jahren die Beweglichkeit seiner Beine eingetauscht für seinen problematischen Schädel. Die Reduktion empfindet er aber als Bereicherung; von jener Katastrophe an datiert er seine Erweckung.

»Er trieb den Hochmut so weit, so zu tun, als sei der Hufschlag, der ihn niedergestreckt hatte, eine Wohltat gewesen.«[1]

»Er erzählte mir, vor jenem regnerischen Tag, an dem das Pferd ihn zu Boden schleuderte, sei er genauso gewesen wie alle Christenmenschen: blind, taub, zu nichts nütze, ohne Gedächtnis. (. . .) Neunzehn Jahre hatte er gelebt wie einer, der bloß träumt; er sah ohne wahrzunehmen, hörte ohne zu hören, vergaß alles, fast alles.«

Die Lähmung als Verminderung einer bis dahin indifferenten Gesundheit, eines Zustandes, der Funes rückblickend als ereignis- und bedeutungslos erscheint, ist der mythologischen Variante der *produktiven Reduktion* vergleichbar, von der Lévi-Strauss schreibt:

> »Blinde oder Lahme, Einäugige oder Einarmige sind auf der ganzen Welt häufig vorkommende mythologische Gestalten, die uns deshalb verwirren, weil ihr Zustand uns als ein Mangel erscheint. Aber so, wie ein mittels Subtraktion von Elementen diskret gemachtes System logisch reicher wird, obwohl es numerisch ärmer ist, so verleihen die Mythen den Krüppeln und Kranken oftmals eine positive Bedeutung: sie verkörpern Modi der Vermittlung. Wir stellen uns Siechtum und Krankheit als Seinsmangel vor, folglich als Übel. Wenn indes der Tod ebenso wirklich ist wie das Leben und wenn es demnach nur Sein gibt, sind alle Bedingungen, auch die pathologischen, auf ihre Weise positiv. Das ›Weniger-Sein‹ hat das Recht, im System einen vollen Platz einzunehmen, denn es ist die einzig denkbare Form des Übergangs zwischen zwei ›ganzen‹ Zuständen.«[2]

Im Ursprungsmythos wird die produktive Reduktion thematisiert als welterzeugende Ur-Sache. Der Urknall, die Sintflut, die Vertreibung aus dem Paradies – aus Katastrophen entsteht die Welt. Mit ihnen werden Lücken geschlagen in ein ursprüngliches, stummes Kontinuum ununterscheidbarer Erscheinungen und Eigenschaften, deren Übergänge so unendlich-allmählich, so infinitesimal sind, daß sich keine Spannung, kein Kontrast ergibt, da auch die Pole nicht zu fassen sind; Fixpunkte fehlen. Es ist, als wären klar abgesetzte Eigenschaften natürliche Zahlen, und wir tasteten matt zwischen den überabzählbaren irrationalen Zahlen, in einem einzigen Grau-Valeur, ohne eine Spannung, ohne die Ahnung eines

Rots zu haben. – Die Mythen spielen auf der Ebene der natürlichen, »erzählbaren« Zahlen. Mit dem Übergang von kontinuierlichen Systemen zu diskreten Systemen (Lévi-Strauss) setzen mythische Bedeutungen ein.

Die Mythen entstehen als jähe Einbrüche in die allmählichen Übergänge eines paradiesischen Friedens, der langweilig ist – und auch das selbstvergessene Schweigen jeder glücklichen Gegenwart gegenüber ihrer späteren Rekonstruktion. (Dürrenmatt fügt mit eben diesem Bild das »Ausruhen von der Geschichte« in ihre dramatische Rekonstruktion ein: »Es werden einige Jahre sein, die die Weltgeschichte vergessen wird, weil sie unheldische Jahre sein werden – aber sie werden zu den glücklichsten Jahren dieser wirren Erde zählen.«[3])

»Langweilig« ist das Kontinuum im Verhältnis zur Geschichte, zur Möglichkeit von Überlieferung. Erst dadurch, daß aus vorgeschichtlich undifferenziertem Material Teile herausgerissen werden, wird das Substrat genügend gelichtet, so daß die übriggebliebenen Teile als bedeutsam erscheinen (im Gegensatz zur Aufzählung, wo die herausgerissenen Teile mit Bedeutung belegt werden). Erst nach der Katastrophe, nach dem Eingreifen des Demiurgen, öffnen sich die Augen für das Übriggebliebene, die individuellen Schicksale und kollektiven Mythen heben an, die sozialen Charaktere profilieren sich:

> »Der Mythos trägt nicht nur den differentiellen Abständen Rechnung, er tröstet und verschüchtert zugleich die Ärmeren. Er tröstet sie, denn diese neuerdings Armen waren nicht immer arm; als Überlebende eines Massakers, in dem noch Ärmere als sie den Untergang fanden, nehmen sie immerhin einen Rang unter den Auserwählten ein. Aber er verschüchtert sie auch, indem er verkündet, daß das Elend die Götter beleidige.« (Mythologica I, S. 80).

Die Last eines unfehlbaren Gedächtnisses ist nicht von dieser

Welt, ist titanisch, »ein Vorläufer des Übermenschen«, hat ein Zeuge Funes genannt. Borges schreibt:

»Er schien mir monumental wie Erz – älter als Ägypten – früher als Prophezeiungen und die Pyramiden. Ich mußte daran denken, daß jedes meiner Worte (jede meiner Bewegungen) in seinem unerbittlichen Gedächtnis fortdauern würden; mich lähmte die Furcht, überflüssige Gebärden zu machen.« (S. 240)

Funes stirbt zwei Jahre nach seinem »Erwachen«, einundzwanzig Jahre alt. »Unser Leben ist eine Reihe von Anpassungen, was soviel bedeutet wie eine Erziehung im Vergessen«[4], heißt es an einer anderen Stelle bei Borges.

Das Vergessen als totalitär aufgeprägtes »Sich-Merken« eines einzigen Gegenstandes, dessen ständige Präsenz im Gedächtnis alles andere erlöschen läßt, bis nichts übrig bleibt außer diesem Einzigen, dem »Offenkundigen«, ist das Thema der Erzählung »Der Zahir«.

Ein Mythos leitet die Zahir-Geschichte ein; der selbstvergessenen Gier Fafnirs über seinem Hort korrespondiert die sich steigernde Obsession Borges' vor einer Nickelmünze. Dem Drachen ist sein Wachen zur Existenz geworden, für den Borges der Geschichte verdeckt die Münze einen Gott. Die Verbindung der Pole des Sakralen und des Profanen ist ein *Oxymoron*, gleich jenem des Lokalbesuchs nach dem Begräbnis von Clementine Villar, mit dem das Verhängnis für Borges seinen Anfang genommen hat. Diese Kontamination ist an sich nicht beschämend, weil im Zahir alle sozialen und emotionalen Verbindungen erlöschen.

In früheren Jahren, an anderen Orten war der Zahir ein Tiger, eine Marmorader, ein kupfernes Astrolabium. Nach der Lehre des Islam kann er alles sein, »der Allerbarmer jedoch ließe nicht zu, daß er zur gleichen Zeit zwei Dinge sei, da ein einziges genüge, um Tausende in Bann zu schlagen.«[5]

Das kupferne Astrolabium in einer Schule zu Schiraz, ein Modell der Planeten- und der Sternenbahnen, wird durch die

Zahir-Eigenschaft in seiner Funktion verdreht: statt die Dinge zu erfassen, läßt es sie durch seinen Anblick erlöschen.

In einer Gefängniszelle in Nittur sind die Wände, der Fußboden und die Decke mit einem unendlichen Tiger bedeckt, der aus unzähligen Tigern besteht und in sich Berge und Seen aus Tigerleibern trägt als Erinnerung an das ursprüngliche Vorhaben des Malers, eine Karte der Welt zu zeichnen. Unter dem Druck des Zahir ist ihm diese Welt zu einer einzigen Form verschmolzen, zu der einheitlichen Vision eines Tigers, der für den Betroffenen den komprimierten Inhalt und die totale Erfassung der Welt bedeutet. Das Innere der Zelle stellt den sichtbar gewordenen Zustand des vom Zahir geschlagenen Bewußtseins dar.

– Ich erhielt eine Münze von einer Peseta mit dem Bild des Caudillo Franco. Über seine Stirn lief ein Kratzer, er prägte die Mähne Hitlers auf diese Züge. Ich begriff: der Zahir ist das Gesicht des Diktators. –

Der Zahir ist ein Fugatorium, ein Fluchtgefängnis, das den Menschen im Wahnsinn festhält. In einem weiteren, vielleicht betrügerischen Sinn ist er auch das bewegende Lebensprinzip, die fixe Idee eines Künstlers oder eines Entdeckers, eines Religiösen; die exquisite Nahrung des Monophagen – der Eukalyptus für den Koala-Bären, dessen Welt von Eukalyptusduft durchdrungen ist. Der Hungerkünstler bei Kafka, der hungert, weil er nicht die Speise finden konnte, die ihm schmeckt, ist ein enttäuschter Monophage.

Je trivialer der Zahir ist, desto größer die Qual seiner unausgesetzten Dringlichkeit im Bewußtsein. Aus der Erkenntnis, »daß in der Welt kein Ding ist, das nicht der Keim zu einer Hölle werden kann; ein Gesicht, ein Wort, eine Magnetnadel, eine Zigarettenreklame sind imstande, einen Menschen um den Verstand zu bringen, wenn es ihm nicht gelingt, sie zu vergessen«[6], zieht Otto Dietrich zur Linde, Unterführer im Konzentrationslager Tarnowitz, das Verfahren, seinen privaten Fanatismus, seine Mystik dem jüdischen Dichter David Jerusalem aufzuprägen. Das »Deutsche Requiem« nennt den Zahir nicht. Doch eine Stelle erwähnt das Gedicht des gequälten Jerusalem, »das ›Tse Yang, der Tigermaler‹ überschrieben war und das sozusagen mit Tigern gestreift und befrachtet, von Tigerleibern lautlos durchstrichen war« (S. 76).

Der Deutsche kann weder das Tigergedicht noch seinen Verfasser vergessen.

Die Gestalt Borges ist einer kleinen Nickelmünze ausgeliefert. In einer fiebrigen Verzweiflung beneidet er diejenigen, deren Zahir eine weniger übliche Gestalt hatte. »Wie leicht es gewesen wäre, nicht an einen Tiger zu denken!«

Diese Stelle ist ein Ansatz, die Entrückung, die Brechung des Bewußtseins im Medium des Zahir darzustellen, nicht allein zu verzeichnen. Sie ist ein Ausbruch persönlicher Betroffenheit aus seiner Zurückhaltung, mit der er die Prognose über seine Ohnmacht stellt:

> »Noch vor 1948 wird mich das Schicksal Julies ereilen. Man wird mich füttern und ankleiden müssen; ich werde nicht wissen, ob es nachmittags oder vormittags ist; ich werde nicht wissen, wer Borges war. Es wäre ein Trugschluß, wollte man diese Aussicht als entsetzlich hinstellen, denn nichts davon wird in mein Bewußtsein gelangen. . . . Andere werden träumen, daß ich verrückt bin; ich aber werde vom Zahir träumen.« (S. 102)

Wie die wohltuende Lahmheit und die erlösende Blindheit des Ödipus ist auch das Vergessen mythisch heilsam. Borges ist nicht nur durch seine Themen den Mythen nahe, sondern auch in seinem lakonischen Stil. Die kohärenten, genauen Sätze im »Zahir« wären für eine rein literarische Gestaltung des Wahns eine Enttäuschung: das schwindende Bewußtsein hätte sich verraten müssen; der Schriftsteller Borges hätte den vom Zahir geschlagenen Borges zeichnen müssen, die Stadien seiner zunehmenden Aphasie, nicht sich selbst. (Das Lallen des Idioten bei Faulkner »The Sound and the Fury« versucht dagegen die Wirklichkeit abzubilden, erreicht aber nicht den Wahn als Gegenstand des Mythos.)

Durch die vorgegebene Selbstdarstellung Ireneo Funes'
bleibt auch diese Gestalt fern und abstrakt: ein Mensch, dem
es Schwierigkeiten macht, die einfachen Zusammenhänge
unter den unzähligen wahrgenommenen Details zu sehen,
kann sich kaum eines so durchhierarchisierten Systems wie
der Sprache bedienen.

> Nachträglich finde ich diese Stelle: »Ich werde nicht ver-
> suchen, seine Worte wiederzugeben, die unwiederbring-
> lich verloren sind. Ich ziehe es vor, wahrheitsgetreu all
> das, was Ireneo mir sagte, zusammenzufassen. Die mit-
> telbare Schreibweise wirkt fern und blaß; ich weiß, daß
> ich die Durchschlagskraft meiner Erzählung opfere. Mö-
> gen meine Leser in ihrer Phantasie die abgebrochenen
> Reden, die mich in jener Nacht betäubten, wiederer-
> schaffen.« (S. 235 f.)

Borges' Schreiben ist mythogen, auch wenn es sich bei ihm um
das Werk eines einzelnen, namentlich bekannten Autors handelt. Die Kollektivität und Anonymität als Voraussetzungen
der Mythenbildung holt er ein, indem er seine Erzählung als
Beitrag zu einer kollektiven Darstellung Funes' einführt.

In »David Brodies Bericht« läßt er die Poesie als Anfall
eines namenlosen Dichters aus der Lethargie des Stammes
hervorbrechen und in der Anonymität wieder versinken:

> »Wenn das Gedicht nicht erregt, geschieht nichts; wenn
> die Wörter des Dichters sie überwältigen, rücken alle
> unter der Herrschaft heiligen Schreckens . . . schweig-
> sam von ihm ab. . . . Nun ist er kein Mensch mehr,
> sondern ein Gott, und ein jeder kann ihn töten.«[7]

Der distanziert mitfühlende Reisende David Brodie, der nicht
frei von Resignation für die Errettung seiner Yahoos plädiert,
ist ein fiktiver Vorläufer von Lévi-Strauss.

Die synchrone Unendlichkeit als eine Flut von Eindrücken,
verdichtet in einem Punkt und einem Augenblick des Wahr-

nehmens, ist Borges' »Aleph«. Es ist ein Ort, in dem alle Orte zusammentreffen. In der Mengenlehre bezeichnet Aleph die Mächtigkeiten wohlgeordneter unendlicher Zahlenfolgen, deren Teilmengen der Gesamtmenge äquivalent sind. Borges führt seine Bedeutung in der Kabbala an, in der es »das En Soph, die unbegrenzte lautere Gottheit« bezeichnet.

Der Zahir läßt alle Dinge aus dem Bewußtsein schwinden, sie erlöschen im Zahir; das Aleph bringt alle Erscheinungen der Welt zusammen, sie leuchten im Aleph gleichzeitig aus allen Blickwinkeln auf. Die Aufzählung des im Aleph Bemerkten ist logisch ein hoffnungsloses Unternehmen und sprachlich der Höhepunkt der Geschichte:

> »Vielleicht würden auch mir die Götter den Fund eines einschlägigen Bildes nicht versagen, und doch müßte dieser Art der Wiedergabe etwas Literarisches, etwas Falsches anhaften. Im übrigen ist das Kernproblem nicht zu lösen: nämlich die Aufzählung, sei es auch nur die teilweise Aufzählung eines unendlichen Insichganzen. . . . Was meine Augen schauten, war im Raum und in der Zeit gleich; ich kann es nur als Nacheinander wiedergeben, weil die Sprache so beschaffen ist; doch etwas davon will ich festhalten. . . . Ich sah das bewegte Meer, ich sah Morgen- und Abendröte, ich sah die Menschenmassen Amerikas, . . . ich sah Wurzelgeflecht, Schnee, Tabak, Metalladern, Wasserdampf, ich sah aufgewölbte Wüsten am Äquator und jedes einzelne Sandkorn darin, ich sah, nie zu vergessen, in Inverness eine Frau, sah das ungestüme Haar, den stolz aufgerichteten Körper, sah eine Krebsgeschwulst in der Brust, . . . sah in einem Landhaus von Androgué ein Exemplar der ersten englischen Pliniusübersetzung, verfaßt von Philemon Holland, . . . ich sah die Nacht und den Tag gleichzeitig, . . . ich sah mein Schlafzimmer und niemanden darin, . . . sah die Überlebenden einer Schlacht, wie sie Postkarten nach Hause schrieben, . . . sah Tiger,

Dampfkolben, Bisons, Sturzfluten und Heereszüge, sah alle Ameisen, die es auf Erden gibt, sah ein persisches Astrolabium, . . . sah den Kreislauf meines dunklen Blutes, sah das ineinandergreifende Triebwerk der Liebe und die langsame Entstellung des Todes, sah das Aleph aus allen Punkten zugleich, sah im Aleph die Erde und in der Erde abermals das Aleph und im Aleph die Erde, sah mein Antlitz und meine Eingeweide, sah dein Antlitz, empfand Schwindel und weinte, weil meine Augen diesen verborgenen gemutmaßten Gegenstand erschaut hatten, auf dessen Namen die Menschen Anspruch erheben, den aber kein Mensch je geschaut hat: das unfaßliche Weltall.

Ich fühlte unendliche Verehrung, unendliches Bedauern.« (S. 136 ff.)

Diese Aufzählung reiht sich zum Schiffskatalog von Homer, zu den Psalmen der Bibel und zu der Eloge an das Wasser am Tagesende von Joyces »Ulysses«.*

Die Gradationen der Aleph-Beschreibung erinnern an das unerbittliche Gedächtnis von Ireneo Funes, das durch sukzessive Wahrnehmungen von unzähligen Dingen in den unendlichen Augenblicken ihres Anschauens hervorgebracht wird. Funes' Erinnerungen beschränken sich auf die Zeiten und Orte seiner Erfahrung; was darüber hinaus geschieht, bleibt ihm erspart. Sie sind vielleicht bescheidener als die Ereignisse im Aleph, dafür aber beständig. Funes' Gedächtnis nimmt ununterbrochen zu, während dem Aleph sich der Schauende wieder entziehen kann. Vor seinem dauernden Unmaß bewahrt ihn das Vergessen:

»Auf der Straße, . . . in der Untergrundbahn kamen mir

---

* Zu den externen literarischen Bezügen dieser Aufzählung gehört das leere Zimmer des Beobachters, des Autors: es verweist auf »Time Machine« von H. G. Wells, wo der Zeitreisende sein Arbeitszimmer beschreibt, nachdem er sich aus ihm zeitlich entfernt hat; die Geschichte ist die Schilderung seines Zimmers – des Ortes seines Zimmers – in einigen Jahrhunderttausenden.

alle Gesichter bekannt vor. Ich fürchtete, daß kein Ding mehr imstande sei, mich zu überraschen, ich fürchtete, nie mehr den Eindruck von Wiederkehr loszuwerden. Glücklicherweise überfiel mich nach ein paar schlaflosen Nächten wiederum das Vergessen.« (S. 139)

Das Schauen des Aleph ist (eben noch) erträglich und – abgesehen von der dichterischen Inspiration, mit der es seinen »Besitzer« Daneri schlägt – unschädlich, es sei denn, der Schauende wäre Ireneo Funes.

Die Grausamkeit dieser Konstellation läßt das totale Vergessen im Zahir fast als eine Erleichterung erscheinen.

Der Vergleich zwischen Borges im Zahir und Borges im Aleph stellt zwei Schriftsteller einander gegenüber, die beide im »Abdanken« begriffen sind; der eine unter der Last einer fixen Idee, der andere in Routine und Lakonismen stagnierend.

Der Ausführung schriftstellerischer Züge in den Gestalten seiner Erzählungen korrespondiert eine autonome Spaltung des Schriftstellers Borges auf einer nicht-narrativen Ebene: »ich lebe so vor mich hin, damit Borges seine Literatur ausspinnen kann, und diese Literatur ist meine Rechtfertigung.«[8]

Borges im Zahir und Borges im Aleph (ergänzt von Daneri) verkörpern zwei Modi der schriftstellerischen Besessenheit: die der Wahrnehmung (im Aleph) und die des Schreibens als Zahir.

Dem übergeordneten Bewußtsein sind Aleph und Zahir Extreme von Ansprüchen an eine seiner Hälften, die sich gegenseitig aufheben: wie das Aleph, das alle Dinge zeigt, den Zahir zwingt, in ihm zu erscheinen, so löscht der Zahir, der alles verdrängt, auch das Aleph. Die resultierende Neutralität – als »Übergang zwischen zwei ganzen Zuständen« – ist Bewußtheit, erfüllt von einer mythischen Müdigkeit.

Sie ist die Dauer eines langen Lebens, in dem alles Erfahrene zur Gestalt geronnen ist, in dem alle Personen gelebt worden sind. Es ist die Müdigkeit des »Unsterblichen«, der die Gewißheit hat, den Fluß des Todes zu finden und sich nicht mehr zu neuen Verkörperungen anspannt: er war schon alles gewesen, auch Homer und Shakespeare.[9]

Jetzt ist der Dichter ein Konservativer, der mit Blindheit seine Wahrnehmung vor dem Aufprall der Aktualität schützt.

Als Einzelner faßt er sich zum mythologischen Fragment zusammen: »Noch bin ich, wie immer lückenhaft, Borges.«[10]

III

Das totalitäre Glück

Auf dem anonymen Fest, mit dem »Die Geschichte der O«
endet, tritt O in der Maske eines Käuzchens auf: unter dem
Gefieder nackt, rasiert, an einer Hundekette geführt, die
durch einen Ring an ihren Schamlippen befestigt ist, die In-
itialen ihres Besitzers auf den Körper gebrannt.

»Wer ist sie, sagten alle. Wem gehört sie? – Ihnen, wenn Sie
wünschen.«

Man bestaunt sie, betastet sie, untersucht im Kerzenlicht
die Anbringung ihrer Kette, aber keiner spricht sie an, als
wäre sie tabu, nicht menschlich.

Aus ihrer Entfernung betrachtet sie die Menge: weder Abscheu und Verachtung der einen noch die Faszination der
anderen erreichen sie.

Die auferlegte Stummheit ist Teil eines elaborierten Ab-
richtungsverfahrens, an dessen Ende die totale Hingabe an
den Peiniger, eine exzessive Selbstauslöschung liegt.

Der Autor der Geschichte, der hinter dem weiblichen Pseu-
donym »Pauline Réage« steht und allgemein für eine Frau
gehalten wird, beschreibt die Stadien dieser Erziehung in einer
distanzierten, klaren Sprache, die einige keusch nennen.[1]

In einem abgeschiedenen Schloß-Etablissement in Roissy,
wohin O zu Beginn der Geschichte von ihrem Geliebten gebracht wird, wird ihr als Erstes der Kontakt zum eigenen
Körper untersagt; sie darf ihre Hände nicht an sich benutzen,
sie wird gefüttert, gewaschen, an- und ausgezogen, vergewal-
tigt; sie fühlt sich selbst nicht, nur durch die Zugriffe anderer
wird sie informiert. Ihr Mund hat offen zu bleiben, wie die
Beine, ihre Öffnungen gehören anderen; die Augen bleiben
gesenkt – Neugier soll ausgetrieben werden.

Als sie an Sir Stephen verschenkt wird, erfährt sie noch
schlimmere Mißhandlungen, immer raffiniertere Verstüm-
melungen, die sie als seinen Besitz dauerhaft kennzeichnen.

Eine Zeitlang in die bürgerliche Freiheit ausgesetzt, kehrt sie nach Roissy zurück, wo ihr Besitzer sie verläßt.

»Die Geschichte der O hat einen zweiten Schluß. Er lautet: Als O sah, daß Sir Stephen sie verlassen würde, wünschte sie sich den Tod. Sir Stephen erteilte seine Zustimmung.«[2]

Damit endet das Buch.

O's Versklavung geschieht nicht allein aus fremder Willkür; vor den Mißhandlungen wird sie nach ihrem Einverständnis gefragt und sie stimmt jedesmal zu. Ausgepeitscht, durchlöchert, mit Brandwunden versehen, erreicht sie Ruhe und Verklärung, einen Stolz, den sie aus der extremen Wahrnehmung ihrer Körperlichkeit zieht. Die Hingabe ihres Willens, die Faszination über die Zerstörbarkeit des Körpers bei lebendigem Leibe bilden das Mysterium ihres zur Wollust autolysierten Lebens, dem ihre letzte Neugier gilt.

Fremde Neugier, die so zugelassen wird, hat den gleichen Ausgang:

»Kaiser des Südmeers war Flugs. Kaiser des Nordmeers war Stracks. Kaiser der Mitte war Urdunkel. Flugs und Stracks trafen einander von Zeit zu Zeit im Lande Urdunkels, und Urdunkel begegnete ihnen mit großer Freundlichkeit. Da berieten sich Flugs und Stracks, wie sie die Gunst Urdunkels vergölten, und sie sprachen untereinander: Die Menschen haben alle der Öffnungen sieben, zum Sehen, zum Hören, zum Essen und zum Atmen. Der hier allein hat keine. Laßt uns versuchen, sie ihm zu bohren!

Täglich bohrten sie ein Loch. Am siebten Tag war Urdunkel tot.«[3]

Die Faszination der Zuschauer produziert weitere Opfer, el sueño de la razón produce monstruos.

»Verstand geht dem Blödesten auf. Um die Augen beginnt es. Von hier aus verbreitet es sich. Ein Anblick, der einen verführen könnte, sich mit unter die Egge zu legen«[4], beschreibt der Offizier in Kafkas »Strafkolonie« die Wirkung der Foltermaschine, deren Botschaft die Verurteilten an ihrem Leib ablesen sollen.

»Oft hockte ich dort, zwei kleine Kinder rechts und links in meinen Armen. Wie nahmen wir alle den Ausdruck der Verklärung von dem gemarterten Gesicht!«[5] Der Offizier steigt zuletzt selbst auf das Gerüst.

Das Kind Nathalie wird zu O's eifriger Jüngerin, die es nicht erwarten kann, nach Roissy zu gelangen, und das junge Mädchen auf dem Fest, wo O als Käuzchen auftritt, hört überaus ernst zu, als ihr Begleiter ihr sagt, er werde sie genauso abrichten.

O's Entwicklung ist mit der Tiergestalt abgeschlossen. Sie zeigt jetzt den Gleichmut des gefangenen Affen bei Kafka, der wie sie seine Dressur durch verzweifelte Autopsie überboten hat und in Selbstverleugnungs-Exerzitien zum Varieté-Künstler geworden ist. Nur die wahnsinnigen Augen des halbzahmen Affenweibchens, mit dem er es sich nachts »nach Affenart wohlgehen läßt«, verstören ihn: – »Sie hat nämlich den Irrsinn des verwirrten dressierten Tieres im Blick; das erkenne nur ich und ich kann es nicht ertragen.«[6]

Dressur als Spektakel, mit Kostümen und Peitschenknallen, mit dem der Dompteur einem affirmativen Publikum das Tier-Weib präsentiert, ist ein durchgehendes Motiv bei Wedekind; er selbst spielte den Tierbändiger im Prolog zu »Erdgeist« mehrmals.

In der Erzählung »Mine-Haha« entwirft Wedekind eine pädagogische Provinz, in der junge Mädchen ausgebildet werden. Das komplexe Programm umfaßt Turnen, Tanzen, Körperbeherrschung, Artistik; die Neuankömmlinge, die nackt in einer Kiste eingeliefert werden, lernen von der nächst Abgehenden ein Instrument zu spielen. Die Gruppen sind altersmäßig gestaffelt, die Älteste hat jeweils Verantwortung für alle. Mit vierzehn, wenn die Mädchen die Anstalt verlassen, können sie auf den Händen gehen, aber keine kann lesen und schreiben.

Das ist der erzieherische Entwurf eines pädagogischen Genies, wie ihn seine Tochter Pamela bezeichnet hat.

Die Gymnastik-Lehrerin Gertrud, die den Kindern Springen und Laufen beibringt, ihnen die Gürtel straff zieht, ist ein Muster an Selbstzucht: die Weidenrute, mit der sie die Haltung der Kinder locker korrigiert, läßt sie oft auch über ihre Waden wippen. Wegen der Perfektion ihrer Fuß- und Hüftbewegungen wird sie voll Bewunderung mit einem Pferd verglichen.

Bei Wedekind ist der Vergleich mit einem dressierten Tier ein Bild der Vollendung.

In der Kolonie ist die sprachliche Verständigung auf das Minimum beschränkt: »Wenn eine den Mund auftat, wußten immer alle übrigen schon, was sie sagen wollte«.[7] Auch im Theater, wo die älteren Mädchen an den Aufführungen beteiligt sind, kommt man ohne Sprache aus. Es herrscht eine Zirkusatmosphäre, und die sexuell konnotierten Pointen der Pantomimen sind von drastischer Anschaulichkeit. Sie sind kalkuliert für ein Publikum, das das Haus jeden Abend füllt und an den entsprechenden Stellen ins Tosen gerät. So wird die ökonomische Basis der Anstalt gesichert.

Den Mädchen bleibt der Inhalt der Stücke unklar, sie fragen auch nicht danach. Neugier kommt nicht auf, sie wird mit Gerüchten erstickt.

Allein der Anblick der verunstalteten Bedienerinnen – »man hätte sie ohne weiteres erwürgt« –, die alle einmal eine Flucht versucht haben sollen oder zu einer anderen heimlich gegangen sind, versperrt jeden Gedanken an Ausbruch. Durch Mythenbildung in abschreckenden Bildern disziplinieren sich die Mädchen selbst.

Die Uniformität des Heimlebens macht die Zöglinge inert. Sie waten durch den Park im Schlamm, verlieren die Schuhe darin und heben sie nicht auf; die gelegentlichen Todesfälle,

Unglücke beim Turnen oder Schwimmen, Erstickungsanfälle werden mit Gleichmut hingenommen (wie bei den Eloi in H. G. Wells' »Zeitmaschine«).

In eidetischen Bildern entsteht die Vorstellung von der zunehmenden Schwere der Pubertierenden, ihre Verwirrung und Trauer über den plump gewordenen Körper: Blanka, die blaß und schläfrig sich aus Leinen eine Binde näht, Hidalla, die sich nachts im Bett voll Wut auf die dicken Glieder schlägt: »Ich war mir zum Abscheu. Überall war ich mir im Wege.«

– Zwei Jahre nach dem Olympia-Sieg der damals fünfzehnjährigen Nadia Comaneci in Montreal berichteten die Zeitungen über die einstmalige Turnkönigin:

> »Nadia Comaneci schien die traurigste Turnerin des Länderkampfes zu sein. Sie litt deutlich unter ihrem zu hohen Gewicht, lebte bei ihren Übungen von ihrer alten phänomenalen Sicherheit, doch die frühere Eleganz ist hin. Was vor Jahresfrist noch leicht und schwerelos wirkte, scheint heute schwerfällig, müde. . . . Der neue Star in Rumänien ist Emilia Eberle . . . Sie ist auch äußerlich die Nadia Comaneci von früher. Sicher, elegant, mit den gleichen Zöpfen, mit der gleichen Größe, der gleichen Figur, fast dem gleichen Gesichtsausdruck. Und sie erhält auch schon Nadias Noten.«[8]

Für die Nachfolge ist gesorgt, in Wedekinds Heim-Landschaft wie in den Konditionierungslagern der Sportler. –

Bald nach der Pubertät verschwinden die Mädchen aus der Anstalt, werden im Chor wieder mit den Jungen zusammengeführt, die sie seit ihrem Abgang aus dem Kinderpark im Alter von sieben Jahren nicht mehr gesehen haben; in einer symbolischen Koppelungs-Zeremonie werden die beiden Geschlechter-Gruppen der Gesellschaft einverleibt. Der Ausgang wird nicht mitgeteilt.

Nur die Biegsamsten, zugleich mental Angepaßtesten, haben ein anderes Los. Sie werden bei der Musterung durch eine

Kommission bürgerlicher Damen, denen sie nackt vortanzen, vorspielen und von ihnen abgetastet werden, ausgelesen und vorzeitig übernommen.

»Sie besahen die Mädchen noch einmal von vorne, von hinten, von beiden Seiten, betasteten die Muskeln, die Weichen, prüften Hände und Füße, untersuchten die Zähne, die Haare, die Augen, die Fingernägel.«[9]

Der Bestimmungsort ist ungenannt; nach dem Stil der Beschauung und dem Stolz der Mädchen dürfte es sich um einen Prototyp des Unternehmens »Lebensborn« handeln.

Die Idee der Rassenzucht und der freien sexuellen Verfügbarkeit – implizit auch in zahlreichen Schriften zur Bewegungs- und Körperkultur der Zeit enthalten – sind in der bürgerlichen Gesellschaft lange vor dem Faschismus heimisch, oft bei ihren avantgardistischen Köpfen: Nietzsche, Wedekind, Steiner, Karl Kraus (»Die chinesische Mauer«: Die Lust der Reihe).

In Wedekinds zentraler Darstellungsform, dem Theater, ist das Thema der Rassenzucht gekoppelt mit der Faszination durch das ungeheure Trieb-Wunder Weib. Lulu erliegt nur dem ebenso unausweichlichen Trieb des Täters Jack the Ripper; der Zwergriese Karl Hetmann entwirft seine Theorie einer befreiten neuen Menschheit als sexuelle Zugriffs-Gesellschaft. Seine Thesen sind in dem Skript »Hidalla« abgefaßt, gleichnamig mit der Erzählerin der zeitlich nahen Mine-Haha-Geschichte.

Sie zeigt »männliche« Eigenschaften (Hidalla ist ein männlicher Name aus »Ossian«): sie ist die einzige unter den Mädchen, die zu kritischer Distanz fähig ist; körperlich nicht sehr anmutig, nur musikalisch begabt, ist sie imstande, um die schöneren Mädchen zu werben, die in sich narzistisch versunken bleiben, angepaßt, verfügbar, ohne Zögern – für das obszöne Theater, das ihnen nicht erklärt wird, – für die obszöne Wahl zu den »Besseren«.

Wedekind beschreibt mit Theaterbesessenheit Kleidung und

Licht, Stoffe, Schnitte, die die Gliedmaßen freilassen, Frisuren, körperliche Eigenheiten, Haltungen.

Das Ritual des An- und Ausziehens, die Herrichtung der Novizinnen, die Einweihung in den Stereotyp ihrer Handhabung, zugleich die Entrücktheit, die Atopie der Anstalt, die in »Mine-Haha« und in der »Geschichte der O« sich gleichen, sind Merkmale der Pornographie, seit de Sade archetypisch. Das graduierte Austauschen der Elevinnen, von denen bei Wedekind eine Kaskade von Namen bleibt – Kairula, Simba, Filissa – verläuft bei ›Pauline Réage‹ unbeteiligter, ihre Heldin hat nur noch den Anfangsbuchstaben. Hier bietet sich schon der Übergang zu Nummern an.

Beide Texte gehen über den gattungsmäßigen Ansatz hinaus.

»O« überschreitet die Grenzen der passiven Pornographie, sie gestaltet ihr Glück als Annäherung an den letalen Ausgang. Wedekinds primäres Interesse ist pädagogisch. Die Organisation des Waisen-Parks, seine reale Existenzfähigkeit in Berechnung der Wirkung der Theateraufführungen ähnelt Makarenkos Kolonie, bis auf den Unterschied, daß die *besprisorniki* lesen, schreiben und arbeiten lernen.

Der konkrete Einsatz der entlassenen Zöglinge unterscheidet sich am Ende aber nicht wesentlich. In beiden Fällen läuft er auf einen Verbrauch zugunsten einer dumpfen, undurchschaubaren Gesellschaft hinaus.

Die Heimerziehung schafft keine Autonomie, wie selbständig auch die Jugendlichen ihre Organisation gestalten.

Die besten Zöglinge in Makarenkos ›Pädagogischem Poem‹, die ebenfalls begeistert Theater spielten, wurden als Polizei-Hilfstruppe der Tscheka eingegliedert.

Wedekind führt in »Mine-Haha« die Gedanken aus, die er in dem späteren Roman-Plan »Die große Liebe« abgebrochen hat, »weil die erotischen Kraßheiten doch einen Druck unmöglich machten.«[10]

In »Mine-Haha« tarnt er sie noch als Erinnerungen einer alten Frau an ihre Kindheit; in einer Rahmengeschichte spricht sie den Dramatiker auf sein »Frühlingserwachen« an, sie hätte vor Jahren etwas Ähnliches für Mädchen geschrieben. Zwei Wochen später begeht sie Selbstmord; Wedekind entscheidet sich, das Manuskript »seiner stilistischen Eigenart wegen« unverändert zu veröffentlichen.

Mit dieser Fiktion läßt er die beiden Stücke sich gegenseitig erläutern.

Der Tod der Erzählerin erspart dem Autor einen klärenden Schluß; die Ereignisse überstürzen sich: – die Ankunft der Mädchen in der Stadt, die Verbindung mit den Knaben, das stürmische Fest, – wie der weiße Strudel am Ende von »A. G. Pym«, wie das ungeheure Schiff in »MS found in a bottle« bei Poe und der Stupor des gehetzten Verfassers in Lems »Memoiren, gefunden in der Badewanne«.

– Die *Flaschenpostliteratur* hat in jeder Gestalt dieses beschleunigte Ende, der finale Abbruch stellt das notwendig Fragmentarische der Handlung heraus.

An einer Stelle, kurz vor dem Maelström des öffentlichen Auftritts, läßt Wedekind die Erzählerin die Einsicht aussprechen: »Ich möchte den Mitlebenden die bangen Schauer ins Gedächtnis zurückrufen, die wir zur Belustigung einer besinnungslosen, wollusttrunkenen, rohen Menschenwelt alle einmal durchgekostet, wenn uns auch die gewaltigen, nie geahnten Schicksale des Lebens sehr bald nur mit spöttischem Lächeln an jene Schrecknisse zurückdenken lassen.«[11]

Der Ton ist resignativ, wie das Glück, das sie in der Kolonie inmitten der anderen zu spüren bekam – ein ununterscheidbares, kollektives Empfinden.

Am überzeugendsten ist die Theater- und Zirkusatmosphäre der Geschichte, die lustvolle Darstellung der körperlichen Biegsamkeit der Mädchen, die Wedekinds Autorschaft außer Zweifel läßt. (Jacques Dalcrose hat sich von diesem Modell bei der Gründung der Hellerauer Tanzschule anregen lassen.)

In ihrer Mehrschichtigkeit, ihrer Mischung zwischen Prosa, Thesen und Drama, kann »Mine-haha oder Über die körperliche Erziehung der jungen Mädchen« mehreres sein: pädagogisches Traktat, männliche Wunschprojektion, negative Utopie.

»Wir waren glücklich, eine wie die andere, aber das war auch alles.«

Im individuellen Bereich korrespondiert diesem Entwurf Wedekinds eigene Definition von Glück:

»Seinen Anlagen gemäß verbraucht zu werden.«[12]

Der Zwang zum Glück als staatlich verordnete Doktrin findet sich auch in Jewgenij Samjatins Roman »Wir«, dessen englische Übersetzung 1924 erschien und sowohl Huxley als auch Orwell maßgeblich beeinflußt hat. Es ist die Zeit der großen negativen Utopien – Karel Čapeks »R.U.R.« erscheint 1920, H. G. Wells' Romane, z. T. mit positiver Botschaft, schon früher.

Die Sphäre der Sexualität, des intimen Lebens wird in Samjatins Roman auf Hetmannsche Weise gelöst: Man kann sich auf eine andere »Nummer« abonnieren; Männer haben vorangestellte Konsonanten, Frauen Vokale als Erkennungszeichen. Die Abonnenten bekommen rosa Billetts, nach deren Vorzeigen einmal wöchentlich die Vorhänge in den gläsernen Wohnungen und Häuserkästen zugezogen werden dürfen. Wer Kinder zeugt, wird hingerichtet – Frauen nach der Entbindung, Männer nach der Preisgabe ihres Namens durch die gefolterten Frauen. Es gibt trotzdem Frauen, die Mütter werden wollen.

Kinder werden in Auditorien von Maschinen-Lehrern unterrichtet. Es gibt auch »Nummern«, also Menschen, die diese Aufgabe übernehmen, wie die fischhafte U, die ihre Pflicht sehr ernst nimmt: »Ich liebe Kinder sehr, und ich glaube, daß die schwierigste, höchste Form der Liebe die Grausamkeit ist.«[13]

(Auch ›Sir Stephen‹ läßt O seine Liebe als fürsorgliche Grausamkeit spüren.) U ist auch unter den Ersten, die die ganze Klasse zur Operation bringen.

Der Ausdruck »sich auf jemanden eintragen lassen« hat sich in der Sowjetunion ironischerweise bis heute erhalten. (Obwohl Samjatins »Wir« nicht im Lande veröffentlicht werden durfte; Samjatin ist mit Stalins persönlicher Erlaubnis ausgereist, konnte aber im Exil nicht schreiben und starb früh.) Diamanten- und Molybdän-Sucher in Sibirien, Genossinnen und trinkende, zu disziplinierende Komsomolzen lassen sich »eintragen«, um eine Wohnung zu bekommen oder um den Verdacht des »Hooliganismus« von sich abzuwenden. Die Verheirateten erfüllen ihren Plan verantwortungsvoller, die Frauen können den Alkoholismus der Männer besser unter Kontrolle halten.

In Samjatins Entwurf ist der Taylorismus zur Staatsideologie erhoben. Die unendliche Harmonie der Zahlen und geometrischen Formen beruhigt die Bewohner durch ihre numerische Stimmigkeit im magischen Würfel des Staats. Das Schrifttum dient der Festlegung der Gesetze und der Verherrlichung der Gemeinschaft. Das Epos von den Freigelassenen kennt jedes Kind: drei Nummern wurden ausgesetzt, für einen Monat von der Arbeit befreit.

> »Die Unglücklichen lungerten in der Nähe ihrer früheren Arbeitsstätte herum und starrten mit gierigen Blicken auf die anderen; sie blieben mitten auf der Straße stehen und vollführten stundenlang jene Bewegungen, die zu bestimmten Tageszeiten bereits ein Bedürfnis für ihren Organismus geworden waren . . . Am zehnten Tag hielten sie es nicht mehr aus: sie faßten einander bei den Händen und gingen ins Wasser. Unter den Klängen unseres Marsches sanken sie immer tiefer, bis die Wellen ihren Qualen ein Ende machten.«[14]

Der Himmel im Einzigen Staat ist blau und wolkenlos. Gegen Ende bewölkt er sich, und es erscheinen Vögel, die von jenseits der Mauer, der vollkommensten Konstruktion im Staat, hergeflogen kommen. Nach kurzem subversivem Tumult versammeln sich alle Nummern wieder auf dem Platz der Einigkeit und jubeln dem Wohltäter zu, der die Abweichler regelmäßig bei Massenfesten hinrichtet. – »Der Wohltäter in weißer Uniform, der uns in seiner Weisheit unsere Hände und Füße mit den starken Fäden des Glücks gebunden hat.«[15]

Als letztes Hindernis auf dem Weg zum totalen Glück wird die Phantasie wegoperiert, um den Einbruch der selig machenden Entropie zu bahnen.

Am Ende sieht D-503 ungerührt zu, wie die ehemals geliebte I-330 gefoltert wird, und wundert sich, daß ihn früher so etwas beunruhigen konnte.

Die Wunschtorte
Über literarische Wunscherfüllung

In den »Plaudereien vom Hund und der Katze« von Josef
Čapek backen sich die beiden eine Geburtstagstorte. Es soll
eine großartige Torte sein, sie wollen sich damit alle Essens-
wünsche erfüllen. So kommt ein großer Markknochen hinein
und eine tote Maus, Schlagsahne, Schokolade, ein abgehan-
gener Spatz. Alles wird mit Mehl, Sirup, Backpulver und
Eiern vermischt und in die Form gegossen. Von der noch
heißen Torte kommen Wohlgerüche von solcher Intensität,
daß sich die beiden nur schwer überwinden können, sie aus-
kühlen zu lassen. Ein großer Hund frißt sie ihnen weg, bevor
sie sie ins Haus zurückholen können. Er liegt dann stunden-
lang stöhnend und sich krümmend im Gehölz.

Die Vorfreude kennt auch das betrogene, Kreplach hassen-
de Kind bei Pynchon (Die Enden der Parabel), dessen ratlose
Mutter sich vom Psychiater die Anweisung holt, es beim Zu-
bereiten zusehen zu lassen, dann würde es Vertrauen fassen:

> »Zurück in Mutters Küche. ›Und jetzt‹, spricht die Mut-
> ter, ›werde ich uns eine köstliche Überraschung berei-
> ten!‹ ›Oh, Mann!‹, kräht das Kind. ›Prima, Mami!‹
> ›Siehst du, jetzt siebe ich Mehl und Salz zu einem hüb-
> schen kleinen Kegel.‹ ›Was ist das, Mami, Hackfleisch?
> Oh, Mann!‹ ›Gehacktes, und *Zwiebeln*. Schau, ich brate
> sie an, hier in der Bratpfanne.‹ ›Au weia, ich kann's kaum
> erwarten! Wie aufregend! Und was machst du jetzt?‹
> ›Jetzt bohre ich einen kleinen Krater in das Mehl und
> schlage diese Eier hinein.‹ ›Kann ich dir beim Rühren
> helfen? Oh, Mann!‹ ›Und jetzt, jetzt werde ich den Teig
> ausrollen, siehst du, zu einem netten, flachen Fladen,

und jetzt schneide ich ihn in Vierecke –‹ ›Das ist ja *sagenhaft*, Mami!‹ ›Jetzt löffle ich etwas von dem Gehackten über dieses kleine Viereck, und jetzt falte ich es über Eck zu einem Drei-‹ ›GAAHHHH!‹ kreischt das Kind in absolutem Horror – ›*Kreplach!*‹«[1]

Der diebische Tortenfresser führt den beiden Jubilaren vor, was ihnen durch die Nichterfüllung ihres Wunsches erspart blieb.

Welche Wünsche bleiben offen, wenn schon kulinarische Freuden Konsequenzen haben, wenn das Begehren moderiert, durch ausgekochte Rezepte in Geschmacksbahnen gelenkt wird, durch eben solche Bahnung zum Ekel wird. Die freudige Parataxis der Geschmäcke,[2] der Geschehnisse im Mund, das »Theater des Gaumens« verkümmern, die Vielfalt der Lüsternheiten wird in der Endfassung der Speise, an dem verhaßten Namen Kreplach erstickt; Torten (appetitliche, süße Sahnetorten) in amerikanischen Filmen werden grundsätzlich nicht gegessen, sondern geschmissen.[3]

Die Übersättigung, die den ursprünglichen Wunsch, glücklich satt zu werden, entwertet, hat auf der höheren Ebene des Wünschens ihr Pendant.

Die Vorstellung von Unsterblichkeit im Werk: – allein durch das Angebot von achtzigtausend Neuerscheinungen pro Buchmesse wird sie gestört. Den weiteren Zerfall der Vorstellung besorgt die Flüchtigkeit der Präsentation; die gelumbackten Ausgaben bereiten auf die buchlose Zeit vor, legen Effizienzmodelle der Texterfassung nahe. Wie wird dann gelesen werden?

Nach Augustin war sein Lehrer Ambrosius der erste Mensch, der mit den Augen las, ohne den Text laut zu sprechen, der die kindliche Methode des Buchstabierens mit Finger und Lippen überwunden hatte. Die verlassene Technik des Zeilen-Haltens ist uns bei Arno Schmidts letzten Büchern noch nützlich, oder bei enger Fraktur, die wir nicht mehr gelernt haben, ebensowenig wie die Notenschrift: die musika-

133

lische Alphabetisierung, das vortonale Entziffern ist das verläßlichste Klassen-Unterscheidungsmerkmal; den musikalischen *illiterates* bleibt nur der Kauf immer aufwendigerer Reproduktionstechniken, der Sound-Konsum übrig.

Wird sich die Lesegeschwindigkeit weiterhin steigern lassen (es gibt bereits Schnell-Lesemethoden, bei denen die unterbewußte, verzögernde Mitartikulation des Kehlkopfes ausgeschaltet wird: paraglottale Lähmung) – oder reift das stellvertretende Ableseverfahren schneller, wird es allgemein Vorlesemaschinen geben[4], die das Blättern ersparen, die visuelle Arbeit am Text ersetzen?

Bücher auf Mikrofiches: welche Texte, welche erzählerischen Strukturen werden sich als medienresistent, als unsterblich erweisen? Und wenn die »Papyr-Katastrophe«[5] eher eintrifft, als Lem sie prognosziert hat, welche Vergleichsmöglichkeiten haben die Überlebenden, um Werte zu bestimmen? Zufällige Funde, versehentlich verschonte Schriften ohne Kontext, die nun zu Zeugnissen der Zeit avancieren, eine unermeßliche Bedeutung gewinnen.

Die Zusammenhänge werden erzwungenermaßen ein Spiel sein: es können Koestlers »Nachtwandler« neben Brochs »Schlafwandlern« sein, beide nachtblau mit hellblauer Schrift, im gleichen Verlag, gleicher Preis. Es kann Arno Schmidt neben Karl May sein, und es wird schwer vorstellbar sein, daß der eine, der über den anderen schrieb, der Bedeutendere war (es sei denn, man vermöchte das Bindeglied ›Freud‹ zu imaginieren).[6]

Wenn die Möglichkeiten künstlerischer Unsterblichkeit so unabschätzbar sind, so bar jeder autochthonen Würde, wie würdelos muß dann das pure physische Überleben in Gefriercontainern ausfallen.

Borges schreibt noch von Unsterblichkeit.

Er beschreibt die lange, verzehrende Suche des römischen Militärtribunen M. F. Rufus zu Zeiten der ägyptischen Kriege nach der verborgenen Stadt der Unsterblichen und dem Fluß des Lebens. Nach fiebrigem Herumirren durch Wüsten und Gebirge findet er sich in einer Lehmhöhle, gefesselt, unter Troglodyten, die keine Sprache haben und von Schlangenfleisch leben. Es gelingt ihm, aus dem trüben, von Unrat verstopften Wasserlauf am Fuße des Abhangs zu trinken. Nach unbestimmter, in Ohnmacht verbrachter Zeit bricht er zu der Stadt der Unsterblichen auf, die sich am anderen Ufer erhebt. Er findet sie verlassen, eine alptraumhafte Ansammlung von Labyrinthen, Schächten, blind endenden Treppen; danach ist der Anblick der Troglodyten eine Erleichterung. Nach Jahren, im Elementarereignis des Regens in der Wüste, erfährt er, daß die vertierten, sprachlosen Schlangenesser die ehemaligen Bewohner der Stadt sind, ihre unsterblichen Erbauer, das schlammige Rinnsal der Fluß des Lebens. Sie leben ohne Erinnerung, ohne Zeit, ohne das menschliche Pathos der Unwiederbringlichkeit, ohne Neugier. Nach Jahrhunderten fühllosen Dämmerns zerstreuen sie sich über die Erde, um den analogen Fluß des Todes zu suchen, denn, wenn sie unendlich lange leben müssen, werden sie einmal aus allen Flüssen getrunken haben, also auch aus dem, der ihnen Erlösung bringt.

Der demütigste, vertierteste unter den Troglodyten, den der Erzähler vergeblich auf den Hundenamen Argos abzurichten versucht, findet in jener Regennacht die Sprache wieder:

»*Argos, der Hund des Odysseus. . . . Dieser Hund, den man auf den Mist geworfen hat.*

Ich fragte ihn, was er denn von der Odyssee wisse. Er hatte mit dem Griechischen Mühe; ich mußte meine Frage wiederholen.

Sehr wenig, sagte er. *Weniger als der ärmste Rhapsode. Es mögen elfhundert Jahre vergangen sein, seit ich sie erdichtete.*«[7]

Neben solchem Schicksal ist unsere Sterblichkeit das gelindere Übel.

unsterblich
unsichtbar
fliegen können

Die Ordnung der Wünsche wechselt miť den Gemütsregungen.
Der letzte erfüllt sich allnächtlich in den lustvollen Verfolgungs-
träumen von Kindern; den zweiten dachte ich jahrelang weiter,
seine Realisierung erschien mir als ideales Vehikel einer politischen Rache, bis ich mich auf die Nachteile des ›Invisible Man‹
besann und meine Wunschtaktik änderte.

Wells' Unsichtbarer verwendet seine größte Mühe darauf,
seine Unsichtbarkeit unter komplizierten Verbänden und
Vermummungen zu tarnen; er muß gleichsam mit offenen
Augen schlafen, weil seine Lider das Licht nicht abschirmen;
die Scherben unter seinen nackten Füßen, die Kälte sind quä-
lend, denn die Unsichtbarkeit bezieht sich logischerweise nur
auf den Körper, nicht auf die Kleider oder die halbverdauten
Speisen.

Wie Borges und Wells haben auch andere die Zähigkeit des
Scheiterns unserer Wünsche gesehen.

> »»Kahira Kahira‹ unsern Feldruf heulend, trabten wir in
> langen Reihen durch die Sümpfe zur Stadt. Am Südtor
> fanden wir schon nur Leichen und gelben Rauch, . . .
> Aber wir wollten nicht nur Nachzügler sein . . . Die erste
> Haustür zerbarst unter meiner Hacke, . . . Ein Alter kam
> uns aus einem langen, leeren Gang entgegen. Sonderba-
> rer Alter – er hatte Flügel. Breit ausgespannte Flügel, am
> Außenrand höher als er selbst. ›Er hat Flügel‹, rief ich
> meinem Kameraden zu, und wir vordern wichen etwas
> zurück . . . ›Ihr wundert euch‹, sagte der Alte, ›wir alle
> haben Flügel, aber sie haben uns nichts genützt und
> könnten wir sie uns abreißen, wir täten es.‹ ›Warum seid
> ihr nicht fortgeflogen?‹ fragte ich. ›Aus unserer Stadt hät-
> ten wir fortfliegen sollen? Die Heimat verlassen? Die
> Toten und die Götter?‹« [8]

In Kafkas Logik wird die beglückende Vorstellung, fliegen zu können, zur lebenslangen Mühe.

Der beflügelte Alte hat noch ein Land; auf einem Emigrantenschiff aus Deutschland wurde ein jüdischer Flüchtling von einem Ausländer gefragt, wohin er fahre. »Nach Feuerland.« »So weit?« »So weit wovon?«

In Hinblick auf die Gefahr einer außer Kontrolle geratenden, beschleunigten technologischen Wunscherfüllung warnt Norbert Wiener in »Kybernetik« vor Inkompetenz im Wünschen. Als Beispiel führt er Goethes »Zauberlehrling« an und den Fischer aus »1001 Nacht«, der aus einem verschlossenen Krug einen unberechenbaren Geist befreit und dann große Mühe hat, ihn wieder einzusperren.

Am bösartigsten ist die Fabel von der Affenpfote: die Irreversibilität des zuerst erfüllten Wunsches in einer Kette von drei Wünschen. Der Vater, der sich zweihundert Pfund wünscht, erhält sie als Abstandszahlung für den tödlichen Betriebsunfall des Sohnes; als er wünscht, sein Sohn möge zurückkehren, erscheint etwas, das er im äußersten Schrecken mit dem dritten Wunsch löscht; es war, was von seinem Sohn übrig geblieben ist.

(Man könnte beinah von einer Wünschbarkeitslehre bei Wiener sprechen: »Ich habe schon einige Aspekte der legendären Ethik der Magie in einem früheren Buch erörtert, das ›Mensch und Menschmaschine‹ betitelt ist.«[9])

Die Anleitung zum richtigen Wünschen ist dem Impetus Johann Peter Hebels verwandt, der mit den angewachsenen Schnauzer-Würstchen und ihrer kostspieligen Entfernung mehr Überlegtheit in der Wunschsprechung fordert.

Alles läuft verdächtig darauf hinaus, wir sollen uns bescheiden.

Die drei Wünsche, deren habituelle Selbstvereitelung Anschauungsmaterial für alle Pädagogiken abgibt, haben eine wenig praktizierte tschechische Variante:

Ein Mann hat drei Wünsche frei. Er wünscht: »Laß die Chinesen nach Prag kommen und wieder gehen.« »Einverstanden«, sagt der Zauberer, »und dein zweiter Wunsch?« »Die Chinesen, laß sie kommen und wieder gehen.« Der Zauberer stutzt. »Du hast noch einen Wunsch gut.« »Dann sollen sie noch einmal kommen.« »Du wiederholst dich, aber mir soll es recht sein. Sage mir bloß, weshalb?« »Kannst du dir Rußland vorstellen, wie es aussieht, wenn die Chinesen sechsmal durchgezogen sind?«

Das Festhalten an dem immer gleichen Wunsch durchkreuzt die ausgeklügelte oder pädagogisch beigebogene Schlauheit des Wünschens; es zeigt, daß die traditionelle Fatalität der sich gegenseitig aufhebenden Wunschfolgen gegenüber der Fatalität des politischen Alltags veraltet ist; danach ist das absurde Ostinato des geographisch-migratorischen Witzes vernünftig.

Der Verzicht auf persönliche Vorteile, die Selbstverausgabung im Wunsch erinnert an die Einstellung von Camus' Sisyphos, der sich auf seinen herabgerollten Stein beim Absteigen freut.

> »Wir müssen annehmen, daß Sisyphos glücklich ist.«
> Wir müssen annehmen, daß es den Tschechen ernst ist:
> »Mit dem Großen Bruder auf ewige Zeiten, aber keinen
> Tag länger.«

Für bestimmte Richtungen des Beifalls:
Die Chinesen können gern auch die Ostroute nehmen, über Silicon Valley, California.

Klosterneuburg, 6. 6. 1989
Rede zur Verleihung des
Kafka-Preises

Mit einundvierzig Jahren wurde mir mit Peinlichkeit bewußt,
daß ich Kafka gerade um einen Monat überlebt hatte.

Es war so unziemlich wie die Feststellung von Kindern, sie
wären bereits älter als ihre toten Eltern – an Nachfolgern von
jungen Gefallenen, zumal Deutschen, fehlt es in diesem Jahrhundert so wenig wie in keinem anderen.

Es ist die pure Addition von Tagen und Stunden, ohne
tiefer gehende Erfahrung, die die Unziemlichkeit ausmacht,
den Vorsprung, den Nach-Satz der Nachgeborenen – wie
kann sich ein Deutscher mit achtunddreißig, mit vierzig älter
vorkommen als sein Vater: in Wehrmachtsuniform, ein Sol-
dat ohne Rang, skeptisch, bittere Lippen, lächelnd für die
Söhne und die so selten gefühlte Frau auf dem letzten Bild,
dann geht es zurück: auf die Minenfelder in Oberitalien, wo
ihm der Arm abgerissen wird und danach der Körper von
Sepsis befallen (ergänze andere Wunden, andere Schlachtfel-
der) – nie kann der Nachkomme älter sein als der gefallene
Vater.

Zenon mit seiner Schildkröte erklärt hier nichts: er ist zu
langsam, und zu harmlos.

Kafka, der exemplarische Sohn, der seinen robusten Vater
nicht überlebt hat, blickt selbst skeptisch und mit Pein in
den Augen auf seinem letzten Bild, er war nicht auf den
Schlachtfeldern, kannte aber Fabriken von innen – darin allein unterscheidet er sich von so vielen zugelassenen und als
weniger dekadent geltenden Autoren – und wußte von
Maßnahmen der sozialen Züchtigung, von der Ausstoßung
bis zur Folter, durchgeführt mit bekennerhaftem Eifer, und
beschrieb die raffiniertesten Labyrinthe der Selbstbestrafung

bis zum Exzeß des Sohnesgehorsams in der Selbstauslöschung.

Seine Prognosen treffen für dieses infantile Jahrhundert mit
der Sicherheit seiner Selbstzerstörung zu, nur das Ausmaß
läßt sich steigern; der systematische Eifer der Folterknechte
konnte bei den Millionen Juden, darunter Kafkas Familie,
durch Organisation und Technik erst greifen.

Eines Tages wird für mich sein Gesicht, das ich mit sechzehn
als erwachsen, gegeben, fertig sah, zum Gesicht eines »jüngeren Menschen«, eines Gleichaltrigen, eines Jüngeren werden.

Und doch ist Kafka mit seinen jugendlichen Zügen und
dem scheuen Lächeln, dem Wohnen bei den Eltern, wo er sein
Zimmer räumen mußte, wenn die verheirateten Schwestern
mit Familie zu Besuch kamen, die geistige Autorität dieses
Jahrhunderts, sein Analytiker und Richter.

Nach seinen peinlichen Schilderungen ereigneten sich Ba-
nalitäten von ungeheurem Ausmaß und von globaler Wirkung, sie bewahrheiteten sich von dem Augenblick an, da er
sie zu Papier brachte, vielleicht noch während sie sich ihm zu
Gedanken verdichteten – vortextlich, vorsätzlich – ich traue
ihm alles zu, außer Unwillkürlichkeit: die Strenge seiner Beschreibung, seines Blickes, seines Anblicks der Welt – er ist das
Maß.

Generationen von Nachfolgern, primärer und sekundärer
Art, müssen mit diesem Vergleich leben.

Daß er tot ist, entlastet uns nicht.

Daß wir leben und nicht mehr wissen als er wußte, muß uns
zu denken geben, daß wir nicht mehr ahnen als er, der weniger lebte, kaum Kontakte unterhielt und mit Frauen sich
anstellte wie ein ewiger Anfänger, ein Unverantwortlicher:
»Wenn Du mich ein wenig lieb hast, so ist es Erbarmen, mein
Anteil ist die Furcht.« Vielleicht sind diese Skrupel das äu-
ßerste Maß an Verantwortung.

Ich will nicht über seine Biographie sprechen, es ist müßig, man kennt sie; einige verwalten ihre Daten professionell.

Ich spreche davon, wie wir eigentlich überleben sollen, wenn jemand, der Gesetze geschaffen hat, nach denen wir leben und schreiben, so jung gestorben ist.

Sind sie dadurch weniger gültig, oder können wir unser Erwachsensein hinauszögern, damit wir in Kafkas Schatten bleiben, im Windschutz seiner spröden, unumkehrbaren Sätze?

Wir bleiben da auch ohnehin.

Da ich sein Alter erreicht und bereits um zwei Jahre überschritten habe, kann ich zurückblicken und mein Leben in Dekaden einteilen:

erste Dekade, von 13 bis 23 – Dostojevskij (und die Russen überhaupt); der Duktus, die ›russische Seele‹, das Pathos, die Schönheit;

reine Rezeptivität – ich las und las und war nicht mehr für leichte Kost zu haben.

23-33

Mit Kafka habe ich angefangen zu reflektieren – theoretisches Hadern, Essays, Beginn der Prosa;

jedes Buch hat ein gestalterisches Prinzip oder Vorbild; »Eine Schädigung«, mein Erstling, verdankt die Reihung der Kapitel, die abgeschlossenen einzelnen Episoden dem Prinzip des »Prozeß«. (Wie es Kafka seinerzeit bei Dostojevskij, Němcová und Flaubert fand.)

Das habe ich beibehalten; und das Wissen, daß Redundanz, Ausschweifung strafbar sind. Ich bin außerdem ungeduldig; für einen Thomas Mann mental nicht eingerichtet (für Proust eher).

Arno Schmidt. Prosa.

Aber Kafka wie auch Dostojevskij bleiben.

Die biographischen Konnotationen sind so dicht, daß es über sie öffentlich nichts zu sagen gibt.

Nur das: mein Schreiben verdanke ich ihm.

Er hat mich ermutigt zu schreiben, in einer Sprache, die nicht die meine war, in der ich nie sicher bin.

Im Tschechischen ist er weniger spektakulär, er wirkt nüchtern, normal; sein Duktus ist tschechisch.

Im Deutschen sieht man den immensen Unterschied zu den anderen der Prager deutschen Literatur und zu seinen Zeitgenossen insgesamt:

karg, ökonomisch, hart, genau.

Er verwaltete seinen »Mangel«; während andere künstlich ihr Defizit an lebendiger, sich entwickelnder Sprache zu beheben suchten in alten Lexika und entlegenem Kolorit pittoresker Themen: Meyrink, Brod, Werfel, Kisch, Rilke.

Kafka sollte nach Prophezeiungen seiner Kollegen hinter Děčín nicht mehr verstanden werden. Es ist so gekommen, daß von ihnen allen nur er auf Anhieb verstanden wird, es ist der Hieb der Axt gegen das erfrorene Meer in uns – er ist unser aller Zeitgenosse. Und wenn es allein die Wahrheit der Beklemmung ist, die uns in seiner Prosa einholt, die Richtigstellung jedes leeren Optimismus.

Der erste Text, der mir die Augen und Ohren für Kafka geöffnet hat, war »Der Bau«; nach Jahren finde ich bei Josef Škvorecký die Geschichte seiner Veröffentlichung in »Světová literatura« wieder, der für mich bedeutendsten Zeitschrift der 50er und 60er Jahre, wo ich ihn gelesen hatte.

Škvorecký, der heute in Kanada lebt und in Prag im Augenblick so verpönt ist wie noch unlängst Kafka, hat in den letzten zwanzig Jahren die tschechische Literatur und Kultur in der Welt mit größerem Nachdruck verbreitet, als die offizielle Kulturpolitik des Landes es vermocht hat. Mit Arbeit und Ernst versuchen die meisten Emigranten ihre spezifisch europäische Kultur, zu deren Wurzeln Kafka gehört, nüchtern und mit Würde zu vertreten.

Zu Kafka findet man in seiner Heimat wieder, und es ist höchste Zeit, daß man dort auch zu den anderen vertriebenen Autoren wiederfindet – auf die Dauer kann sich kein Land einen geistigen Aderlaß von solchem Ausmaß leisten, wenn es als kulturell autonom, also als vorhanden gelten will.

So verbindet Kafka über Zeiten und Kontinente, ein zäher Landsmann.

Mein verstorbener Fürst.

Daß ich einen literarischen Preis bekomme, der nach ihm benannt ist, hat einige Ähnlichkeit mit der Unziemlichkeit, die ich anläßlich seines unvollendeten Alters empfand, das ich an Jahren und Monaten, rein nominell, erreicht hatte.

Es gibt dabei aber einen Unterschied: das erstere war mir peinlich, das letztere, die Verleihung des Kafka-Preises für mein Schreiben, erfüllt mich mit Stolz.

Anmerkungen

Der Prozeß: Schuld und Integration

1 Claude Lévi-Strauss: Strukturale Anthropologie, Ffm 1967, S. 183
2 vgl. den Band: Franz Kafka aus Prager Sicht, Berlin 1965; Eduard Goldstücker: Über Franz Kafka aus der Prager Perspektive 1963, S. 43; Goldstücker verweist auch auf Emrichs Deutung des Wortes »Landvermesser«.
3 Claude Lévi-Strauss: Traurige Tropen, Köln 1974, S. 357
4 – in einer Art grandiosem Potlatsch: einer bedingungs- und kostenlosen Abgabe der Überschuß-Produkte an die armen Länder; s. auch die Philosophie der Verschwendung bei G. Bataille und bei M. Mauss
5 Claude Lévi-Strauss: Traurige Tropen, S. 356; der Genuß von Menschenfleisch bezieht sich hier auf rituellen Kannibalismus, bei dem meist winzige Körperteile der Verstorbenen pulverisiert oder mit anderen Nahrungsmitteln vermischt zu religiösen oder mystischen Zwecken eingenommen werden; es handelt sich nicht um jenen Kannibalismus, der aus Mangel an Nahrung ausbricht – »Vor dem Hunger ist keine Gesellschaft moralisch geschützt.« S. 365
6 vgl. Elias Canetti: Der andere Prozeß, München 1969, S. 74
7 Franz Kafka: Der Prozeß, Ffm 1959, 1973, S. 165
8 Ludvík Vaculík spricht von einer »Legalistik«, der sich die Bevölkerung unter sozialem (politischem) Druck kollektiv befleißigt: legalen Handlungen wird aus Unkenntnis der Gesetze in der Regel ein höherer Grad an Risiko zugeschrieben, als der Wirklichkeit entspricht; das bringt dem Einzelnen die Überzeugung von seinem Mut, bauscht aber jedes kleine reale Risiko auf. (Vaculík ist einer der Verfasser der Bürgerrechts-Charta 77 in Prag.)
9 »Alle waren vernachlässigt angezogen, obwohl die meisten nach

dem Gesichtsausdruck, der Haltung, der Barttracht und vielen, kaum sicherzustellenden kleinen Einzelheiten den höheren Klassen angehörten.«, Der Prozeß, S. 50

10 Franz Kafka: Forschungen eines Hundes, in: Sämtliche Erzählungen, Ffm 1973, S. 338

11 vgl. W. Sockel: Franz Kafka – Tragik und Ironie, München 1964, S. 391: ».. . der Hungerkünstler und Josefine, die Sängerin der Mäuse, treten mit Ansprüchen an das Gesetz heran, das im Spätwerk zur Gesellschaft, dem Kollektiv wird.« – Nicht erst im Spätwerk, und nicht in der Identität mit dem Gesetz steht die Gesellschaft bei Kafka dem Individuum gegenüber, sondern tritt von Anfang an als Urteil und als Gericht an das Individuum heran.

12 Scham ist das soziale Gefühl par excellence. vgl. Lévi-Strauss: Der Zauberer und seine Magie, S. 198

Genese eines wahnhaften Systems

1 Das angeführte Zen-Beispiel sowie die weiteren Ausführungen über ›double bind‹ und über Schizophrenie stammen aus: Bateson, Jackson, Laing, Lidz, Wynne u. a.: Schizophrenie und Familie, Ffm 1969; zu ›Satori‹ vgl. auch A. W. Watts: Zen-Buddhismus, Tradition und lebendige Gegenwart, Reinbek 1961

2 Franz Kafka: Der Prozeß, Ffm 1973, S. 155

3 Eine Betrachtung der Kombinationsmöglichkeiten der drei Ebenen führt zu einer vorläufigen, nur allgemeine Züge betreffenden Einteilung der resultierenden Wahncharaktere. Die Verknüpfung der 1. und 2. Ebene ergibt die allgemeinen Züge der gespaltenen Persönlichkeit, den schizoiden Typus;
1. und 3. Ebene ergibt den Verfolgungswahn im Sinne des autoritären Charakters (Adornos »authoritarian personality«)
2. und 3. Ebene ergibt den logischen Beziehungswahn (Lacans »paranoide Struktur der Erkenntnis«).

4 vgl. Lacan: Die semantische Resonanz der Symbole Schriften 1, Ffm 1975

5 Im Hinblick auf die Bündigkeit des psychiatrischen ›double bind‹-Begriffs soll nicht übersehen werden, daß zeitgleich mit Kafka – wenige Jahre vor dem »Prozeß« – ein System ähnlichen Komplikationsgrades durch Freud im Falle des »Rattenmannes« analysiert und dargestellt worden ist (1909); der Aufwand jener Analyse ist nicht instrumentabel.

6 Franz Kafka: Amerika, Ffm 1973, S. 149

7 vgl. die erotische Konnotation bei Benjamin: Einbahnstraße: »Ein Tor befindet sich am Anfang eines langen Weges, der bergab zu dem Hause von . . . leitet, die ich allabendlich besuchte. Als sie ausgezogen war, lag die Öffnung des Torbogens von nun an wie eine Ohrmuschel vor mir, die das Gehör verloren hat.« (S. 16)

8 Schuwalkin bekommt seine eigene Unterschrift von Potemkin zurück. – s. W. Benjamin: Franz Kafka, in: Angelus Novus, Ffm 1966

9 s. auch die Romane J. Genets

10 ». . . das Begehren, ein unbefriedigtes Begehren zu haben«; Lacan erklärt dieses Phänomen bei Freud, in: J. Lacan: Schriften 1, Ffm 1975, S. 211

11 F. Kafka: Hochzeitsvorbereitungen auf dem Lande, Ffm 1966, S. 82

12 M. Brod: Gespräch mit Kafka am 18. Febr. 1920 (zitiert bei Politzer: Franz Kafka – Der Künstler, Ffm 1965, S. 254

13 F. Kafka: Der Brief an den Vater, in: Er, Ffm 1968, S. 173

14 F. Kafka: Von den Gleichnissen, in: Sämtliche Erzählungen, Ffm 1973

15 F. Kafka: Die Entlarvung eines Bauernfängers, ebenda. In diesem Zug wird Wortwörtlichkeit bei Kafka auf eine Stufe des Anspielens gehoben, die nicht in die normalen Formen der Versetzung (wie Metapher oder Metonymie) einzureihen ist. Dieser Schlüssel läßt sich nicht auf die Synchronie der semantischen Gehalte beziehen, sondern ist diachron, gebunden an die Geschichte der Diaspora.

16 R. Jakobson: Linguistik und Poetik, in: R. Posner: Strukturalismus in der Gedichtinterpretation, in: Strukturalismus in der Literaturwissenschaft, hrsg. H. Blumensath, Köln 1970, S. 203

17 F. Kafka: Ein Traum, Sämtliche Erzählungen

18 F. Kafka: Das Schloß, Ffm 1958, S. 25

19 Die Frage der Schizophrenen ist weniger ein Kode, sondern hat

vielmehr phatische Funktion (wie bei sprechenden Vögeln); es ist nicht wichtig, was er sagt, sondern daß er etwas sagt.

20 Dasselbe erfährt K. im »Schloß« durch den zweiten Brief Klamms: »Die Landvermesserarbeiten, die Sie bisher ausgeführt haben, finden meine Anerkennung. . . . Lassen Sie nicht nach in Ihrem Eifer!« – wo er nicht einmal angefangen hat.

21 Für die Schilderung dieser Szene, in der sich K. demagogisch versucht (und scheitert), dürften Kafka die Besuche politischer Versammlungen zugute gekommen sein; ein Vorbild an Inkongruenz – hier seitens des Sprechers – konnte dabei der bei Wagenbach verzeichnete Vortrag Hašeks abgeben; Franz Kafka: Eine Biographie seiner Jugend, Bern 1958

22 Noch »peinlicher« ist ein Irrtum über den Eindruck, den er im Wartezimmer macht; er glaubt, die Angeklagten würden ihn für einen Richter halten, während sie ihn als bereits Verurteilten erkennen.

Im »Schloß« fragt K. eitel den Wirt, ob er ihn wohl für mächtig hielte: – »›Dich‹, sagte er schüchtern, aber ernsthaft, ›halte ich nicht für mächtig.‹«

23 vgl. H. W. Henze: Musik und Politik, München 1976, S. 254: ». . . Pessimismus . . ., der so verderblich ist wie jede andere Form der Frivolität.«

Das Schloß als Diskurs
Die Entstehung der Macht
aus Projektionen

1 Hans Brunswick zeigt im Gespräch mit K. ähnlich penetrante Benevolenz wie Karl Roßmann in »Amerika« im Umgang mit dem Heizer.

2 Franz Kafka: Das Schloß, Ffm 1958, S. 182

3 Staniław Lem: Die vollkommene Leere, Ffm 1973

4 Den Unterschied zwischen offenen und geschlossenen Gesellschaften faßt Lévi-Strauss auf der Ebene ihrer intellektuellen Ausrichtung zusammen: »Das normale Denken fragt immer von neuem nach dem Sinn der Dinge, . . . das als pathologisch bezeichnete Denken dagegen strömt über von Interpretationen und affektiven

Tönen, mit denen es immer eine weit ärmlichere Wirklichkeit zu überladen bereit ist. . . . In der Sprache der Linguisten können wir sagen, das normale Denken leide immer an einem Mangel an Signifikat, das sogenannte pathologische Denken verfüge (wenigstens in einigen seiner Äußerungen) über einen Überfluß an Signifikantem.« (Strukturelle Anthropologie, Ffm 1967, S. 199)

5 Lem: Die vollkommene Leere

6 ibid.

7 Franz Kafka: Hochzeitsvorbereitungen auf dem Lande, Ffm 1980, S. 50

8 Ehe sich ein entschiedener Widerstand formieren kann, wird er durch den Konsens, durch die allgemeine Einsicht in die Gefährlichkeit gelähmt. So sind in geschlossenen Systemen häufig die Vernehmungsorgane die einzigen, vor denen man die eigene Meinung äußern kann, weil »niemand wegen seiner Meinung verfolgt wird, sondern nur wegen Verstoßes gegen das Gesetz« (Ludvík Vaculík über die Einstellung der Verhörenden. In: Die Zeit 3, 1973)
In Unkenntnis des Gesetzes verwechselt die Bevölkerung Meinung mit verbotener Tat. Die Konzentration auf den Binnenbereich des Systems erfolgt über die Gerüchtbildung, die sich vornehmlich mit gewähnten Verboten und deren imaginierten Folgen befaßt.

Phantastische Systematik

1 J. L. Borges: El idioma analítico de John Wilkins, in: Otras inquisiciones, Buenos Aires 1960; deutsch: Das Eine und die Vielen, Essays zur Literatur, München 1966

2 Foucault: Die Ordnung der Dinge, Ffm 1973

3 A. Kaestner: Lehrbuch der Zoologie, Band I, 3. Teil B, Jena 1973
H. Weber: Grundriß der Insektenkunde, Jena 1966; A. Brauns: Taschenbuch der Waldinsekten, Jena 1964

4 vgl. K. Kraus: »Bei der Vorstellung des Bisamberges würde man eher vermuten, daß es dort Moschustiere gibt als daß das Wasser dort einmal bis am Berg gestanden ist . . .«, Die Sprache, München 1962; Das Schicksal der Silbe, S. 384

5 J. L. Borges: Geschichte der Ewigkeit, Essays, München 1965; Sinnfiguren der Schildkröte, S. 69

6 A. Remane: Die Grundlagen des natürlichen Systems der vergleichenden Anatomie und Phylogenetik, 2. Auflage, Leipzig 1956: »Leider hat die Morphologie eins versäumt, die als homolog erkannten Strukturen konsequent mit einem einheitlichen Namen zu belegen. (Die gesamte Biologie befindet sich terminologisch auf einem unglaublich primitiven Stadium.)«, S. 59
7 J. L. Borges: Das unerbittliche Gedächtnis, in: Labyrinthe, München 1959
8 vgl. die Unterscheidung zwischen: »parataktische Aggregate« (archaische Bilder, Homers Epitheta, naive Malerei = additive Behandlung von Ereignissen) und »hypotaktische Systeme« bei P. Feyerabend: Against Method, 1975; deutsch: Wider den Methodenzwang, Ffm 1976, S. 323 ff

Portrait
aus mythischen Konnexionen

 1 Jorge Luis Borges: Das unerbittliche Gedächtnis, in: Labyrinthe, München 1959, S. 233
 2 Claude Lévi-Strauss: Mythologica I, Ffm 1971, S. 77 f
 3 Friedrich Dürrenmatt: Romulus der Große, in: Komödien I, Zürich 1959, S. 83
 4 Jorge Luis Borges: Die Realitätsforderung, in: Geschichte der Ewigkeit, München 1965, S. 79
 5 Der Zahir, in: Labyrinthe, S. 100
 6 Deutsches Requiem, in: Labyrinthe, S. 77
 7 David Brodies Bericht, München 1972, S. 94
 8 Borges und ich, München 1963, S. 43
 9 vgl. Der Unsterbliche, in: Labyrinthe
10 der Zahir, S. 92

Das totalitäre Glück

1 vgl. auch Susan Sontag: Die pornographische Phantasie I,II in
Akzente 1/2 1968 und das Vorwort zum Roman von »Jean Paul-
han«
2 Pauline Réage: Die Geschichte der O, Darmstadt 1967,
S. 261
3 zitiert in der Einleitung zu Tao-Tê-King, Reclam Stuttgart
1961
4 Franz Kafka: Sämtliche Erzählungen, Ffm 1973, S. 108
5 ibid. S. 111 f
6 ibid. Ein Bericht für eine Akademie, S. 154
7 Franz Wedekind: Erzählungen, München 1961, S. 156
8 Weser Kurier Nr. 237, S. 21, 9. Oktober 1978
9 Wedekind, S. 159
10 Artur Kutscher: Wedekind, Leben und Werk; München 1964,
S. 200
11 Wedekind, S. 179
12 s. Günter Seehaus: Wedekind, Rowohlt Monographie, Reinbek
1979, S. 129
13 Jewgenij Samjatin: Wir, Zürich 1977, S. 161
14 ibid. S. 252
15 ibid. S. 184

Die Wunschtorte
Über literarische Wunscherfüllung

1 Thomas Pynchon: Die Enden der Parabel, Reinbek 1981,
S. 1157
2 vgl. Rabelais: »»Und ich bin nicht nüchtern mehr‹, sprach Eust-
henes. ›Vor meinem Speichel sind heut sicher den ganzen Tag:
Aspen, Abedissimonen, Amphisbänen, Aneruduten, Alhartrafen,
Ammobaten, Apimaos, Alhatrabans, Asterionen, Alcharaten,
Arakten, Argen, Askalaber, Attelaber, Askalaboten, Asseln.‹««,

zitiert bei Michel Foucault: Die Ordnung der Dinge, Ffm 1971, S. 18, und die weiteren Ausführungen Foucaults dazu.

3 s. auch hier unbedingt Pynchon, S. 522 ff

4 vgl. Wolfgang Coy: A reading aid for the blind, in: »Proceedings of the Conference on ›Microelectronics '84‹, Praha 1984, und das Projekt »LeSEr« (lernende Schrifterkennung) an der Universität Bremen, SG Informatik

5 Stanisław Lem: Memoiren, gefunden in der Badewanne, Ffm 1974

6 allerdings möchte ich Schmidts Rang nicht von Freud abhängig machen

7 Jorge Luis Borges: Der Unsterbliche, in: Labyrinthe, München 1959, S. 16

8 Franz Kafka: Hochzeitsvorbereitungen auf dem Lande und andere Prosa aus dem Nachlaß, Ffm 1980, S. 51

9 Norbert Wiener: Kybernetik, Reinbek 1968, S. 212

Nachweise

Schuld und Integration – Sprache im technischen Zeitalter 67/1978, LCB Berlin; und unter dem Titel *Das soziale Modell des Autors* in: Türen zur Transzendenz, Protokoll zum Internationalen Kafka-Symposium, Evangelische Akademie Hofgeismar, 139/1978

Das Schloß als Diskurs – Sprache im technischen Zeitalter 85/1983, LCB Berlin

Vier Versuche, die Familie Barnabas zu rehabilitieren – Literatur im technischen Zeitalter, 1983, LCB Berlin, und in: Libuše Moníková: Pavane für eine verstorbene Infantin, Rotbuch Verlag Berlin 1983 (dtv 1988)

Phantastische Systematik und *Portrait aus mythischen Konnexionen* – Sprache im technischen Zeitalter 74/1980, LCB Berlin

Das totalitäre Glück – Neue Rundschau 1/Ffm 1985, erweitert in: Die schwarze Botin 27/1985 Berlin

Die Wunschtorte – Die schwarze Botin 22/1984 Berlin und in: Jahresring 84-85, DVA Stuttgart 1984 (aus Anlaß der Verleihung der Ehrengabe des BDI) und in: LCB Editionen (hrsg. v. Harald Hartung), LCB Berlin 1985; und in: Falter 16, Wien 1985; und in: Frankfurter Rundschau, Nr. 298, 1985

Klosterneuburg, 6. 6. 1989 – in: Falter 24, Wien 1989

Edition Akzente

Yukio Mishima: Zu einer Ethik der Tat. *Einführung in das »Hagakure«, die Samurai-Lehre des 18. Jahrhunderts*
Libuše Moníková: Schloß, Aleph, Wunschtorte. *Essays*
Eugenio Montale: Gedichte 1920–1954. *Zweisprachige Ausgabe*

Ivan Nagel: Autonomie und Gnade. *Über Mozarts Opern*
Ivan Nagel: Gedankengänge als Lebensläufe. *Versuche über das 18. Jahrhundert*
Ivan Nagel: Kortner-Zadek-Stein

Oskar Pastior/Francesco Petrarca: 33 Gedichte
Oskar Pastior: Lesungen mit Tinnitus. *Gedichte 1980–1985*
Oskar Pastior: Kopfnuß Januskopf. *Gedichte in Palindromen*
Francis Ponge: *Schreib*praktiken oder Die stetige Unfertigkeit

Janis Ritsos: Unter den Augen der Wächter. *Gedichte*
Juan Rulfo: Der goldene Hahn. *Erzählung*

Claudia Schittek: Flog ein Vogel federlos. *Was uns die Rätsel sagen*
Alfred Schmidt: Goethes herrlich leuchtende Natur. *Philosopische Studie zur deutschen Spätaufklärung*
Alfred Schmidt: Idee und Weltwille. *Schopenhauer als Kritiker Hegels*
Schuldt: Leben und Sterben in China. *111 Fabeln nach Lius Wörterbuch*
Manlio Sgalambro: Vom Tod der Sonne. *Essay*
George Steiner: Martin Heidegger. *Eine Einführung*
Marleen Stoessel: Aura. *Das vergessene Menschliche. Zu Sprache und Erfahrung bei Walter Benjamin*
Botho Strauß: Marlenes Schwester/Theorie der Drohung. *Zwei Erzählungen*
Botho Strauß: Fragmente der Undeutlichkeit

Lionel Trilling: Kunst, Wille und Notwendigkeit. *Literaturkritische und kulturphilosophische Essays*

Paul Virilio: Krieg und Kino. *Logistik der Wahrnehmung*
Paul Virilio: Der negative Horizont. *Bewegung – Geschwindigkeit – Beschleunigung*

Derek Walcott: Das Königreich des Sternapfels. *Gedichte*

Ernst Wendt: Wie es euch gefällt, geht nicht mehr. *Meine Lehrstücke und Endspiele*

Marguerite Yourcenar: Mishima oder die Vision der Leere